未来密码

SCIENCE

策划/孟凡丽　主编/袁　毅

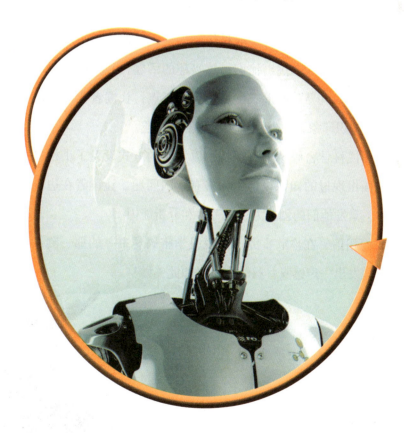

Wuhan University Press
武汉大学出版社

这是一个神奇的科学密码世界！

无论你是想了解史前生物，还是想知道未来科技；无论你是想大开眼界看看奇人异事，还是想开发智力让大脑做个健身操；无论你是想深入野外掌握丛林法则，还是想冲出地球和外星人打个招呼……"图说科学密码丛书"都能满足你的要求！

"图说科学密码丛书"取材优中选精，选取中小学生最感兴趣的五大知识领域，从中挑出他们最感兴趣的话题，并采用可爱卡通人物逛"科学密码世界"的形式串连所有知识点，让读者犹如亲临现场，从而加深知识印象，引发读者研究科学的兴趣。

"图说科学密码丛书"还特别以解密的方式设置了小栏目，巧妙利用前面出现过的知识设计了一些有趣的问题，让读者在边读边思考的同时，激发他们的创造力、思考力和分析能力。

我们相信，在你欣赏完"图说科学密码丛书"的那一刻，你一定会由衷地发出一声感叹：科学也可以如此美妙！

　　"图说科学密码丛书"是一套专为中小学生倾力创作的科普丛书，包括《史前密码》《丛林密码》《人类密码》《头脑密码》《未来密码》五个分册。从时间纵轴上来看，"图说科学密码丛书"涵盖了史前、现在和未来三个不同的时间段；从知识横轴上来看，它又囊括了青少年最感兴趣的动物、高科技、外星人、思维训练和奇人异事等知识领域。

　　"图说科学密码丛书"是一套新意迭出的少年科普读物，它将这些最有意思的知识用通俗生动的语言向读者层层铺开；同时它以主人公逛"科学密码世界"的形式把各个知识点串连起来，使内容变得趣味十足。那些专业、深奥的知识不再枯燥乏味，而是变成了一件件很有趣、很简单的事情。

　　"图说科学密码丛书"是一套体现先进编辑理念和特色的少儿读物。编辑以"科学传真、图文并解"这种少年儿童吸收科学知识最有效的方式为基础，参考先进国家的科学教育理念，培养和引导读者对科学的学习兴趣。

　　深度、广度兼具的"图说科学密码丛书"可以改变中国少年儿童"知识偏食"的习惯，是孩子课余时间的最佳读物。

晶晶和朵朵是好朋友。

一天，晶晶来找朵朵，说她叔叔工作的非常科学馆里最近展出了一些新奇好玩的发明，参观者可以乘坐宇宙飞船遨游太空，还可以通过时光机到未来的世界里去参观呢！晶晶要朵朵陪她一起去看看，朵朵当然愿意啦！

晶晶的叔叔是一名科技工作者，也是天文学家。叔叔先带晶晶和朵朵去了解了前沿科技，没想到，朵朵通过望远镜也可以看到过去和未来，穿上机器人服就可以轻松提起重物，哈利·波特的隐形斗篷真的在现实中也有；接着她们乘坐着太空飞船参观了迎接外星人的UFO机场，看到了星际外交官是怎么工作的，更知道了原来冥王星上也是可能有生命存在的；最后她们通过时光机见识了人们关于未来的猜想，更完美漂亮的房子，普及的机器人，还有荒无人烟的地球……

晶晶的叔叔知道的关于太空、星际和外星人的故事还不止这些呢，如果你想知道更多，并且对太空、对未来有兴趣，那么就跟着他们一起去看看吧！

目录 Contents

1 前沿科技大搜索

② 太空大探测

3 未来大猜想

第一章
Chapter One
前沿科技大搜索

未来密码
WEILA

　　品品的叔叔领着品品和朵朵最先到了前沿科技厅。在这里，朵朵和品品看到了可看见过去和未来的神奇望远镜，还穿上了机器人服装，更体验到了隐形斗篷的神奇魔力。想知道她们还经历了什么吗？那你就快跟过来看看吧！

时间望远镜

 时间望远镜？为什么叫时间望远镜啊？

 因为这架望远镜不同于一般的望远镜。通过它，你可以穿越时间，看到过去和未来。

　　这架名叫"时间望远镜"的仪器是由德国ART＋COM公司研究发明的。通过它的目镜人们可以分别观察到1904年、1935年、1963年、1985年及其他年份间的柏林大广场，也包括当今的柏林。

　　从外表看，这架时间望远镜与普通的望远镜没有什么太大区别，但它确实有着令人神往的神奇功能。你通过这架时间望

远镜不仅可以尽情欣赏柏林的过去，也可以看到它的未来，而且它所呈现的画面还是动态的，形式也并不单一。观看目镜里的场景，你会觉得自己在进行一场穿越时光的旅行。当然，人们通过时间望远镜不仅仅能看到柏林的广场，也可以通过旋转时间望远镜的角度来观察广场的任何一面。

ART＋COM公司发明的这一款时间望远镜不仅仅用于跨越时间的观察，它还可以用在大型工程的建筑过程中，通过它人们可以看到建筑物今后会不会再增高，建筑物的未来将如何发展变化等。看来，时间望远镜在建筑和地质领域上也会有很广阔的应用空间。

虚拟钢琴

晶晶，快看啊！那是什么？

这是一种虚拟钢琴，很好玩的，你们来试试。

传统的钢琴不但价格昂贵而且很占空间。那可不可以随时随地弹钢琴而又不受条件限制呢？试试虚拟钢琴吧。

　　这是一款优秀的钢琴应用。它有着极为真实的界面，按键居然可以按下去，而且有多首世界名曲欣赏。适合人们对钢琴的早期了解和学习。

　　喜欢弹钢琴的朋友再也不用为买钢琴而发愁了，通过触屏操作，方便携带又可轻松操作，随时随地都可以玩，照样能弹出美妙的旋律！

真好玩，和我家里钢琴的音效一样嘛！

便携折叠洗衣机

 这也是洗衣机吗？怎么会这么小啊？

 对啊，这款洗衣机还可以折叠呢，很适合在户外使用。

　　出外野营，衣服不好洗的确是件麻烦事，所以这样一个便携的洗衣机就显得非常重要了。与"软体冰箱"的原理类似，该款洗衣机的四壁采用软体设计，所以平时不用的时候可以收缩起来，方便携带。这款洗衣机重量为2千克，最大容积为6.5升，用来洗涤一些轻薄的衣物足够了。

该洗衣机的最大特点是：节能、卫生、便携等。

节能：该洗衣机尤其是它独特的外挂式直流电机及变速器总成设计，在没有电及不方便用电的环境中，可瞬间改用手动。

卫生：该洗衣机为可拆卸式，每次洗涤衣物后，很方便清理洗衣机内外，不会留下任何卫生死角。

便携：该洗衣机以可折叠、可组合方式，解决了大型洗衣机笨重、不易移动以及小型洗衣机洗涤量小的问题。

多彩洗浴喷头

用这个多彩洗浴喷头洗澡看起来很有趣呢。

是啊，像被彩虹包围了一样。

怎么让你的洗浴液多姿多彩起来呢？

最简单的办法莫过于拥有这样一款多彩洗浴喷头了。这款喷头内置了许多不同的LED彩灯，能够点亮喷头和水流。喷头颜色根据水温的不同而变化得五彩缤纷，特别适合小孩子使用。

　　据了解，这款多彩沐浴设备的喷头上留有480个喷嘴和480个LED灯，它们可以变换出不同的颜色，让彩色光线随着水流喷洒到你的身上。通过系统，可以调试出9个单色光照效果和2个多彩光照效果。这款多彩洗浴喷头会让小孩子从此爱上洗澡，而且可以在淋浴的过程中享受游戏的乐趣。

生发洗头帽

好有趣的发明啊！戴上帽子就可以洗头发。

它还有助于让头发生长呢。

如果你想戴上一顶帽子给头冲个澡，生发洗头帽就是你的最佳选择。你只需将它戴在头上，让水冲入帽子中即可，它非常方便、省时。

　　尤其是当小宝宝洗头发时，可以用这种洗头帽，从而水不会流到耳朵、眼睛和脸部，让妈妈省心地替宝宝洗头发，宝宝也可以开心地享受洗头发的过程。

　　这种装置看起来样子非常古怪，通过使用水来刺激你头皮中的毛孔，它还可使头发生长迅速，并使其变得更加稠密。

真神奇啊！这种洗发帽还有生发的作用呢。

终极防风雨伞

 防风雨伞？这是一种什么雨伞啊？

不少人都有在暴风雨中被吹翻雨伞的狼狈经历。荷兰一家制造商近日推出一款外形酷似美军隐形轰炸机的雨伞，可抵挡十级强风，即便大风吹得树倒屋塌，它也永不"反骨"，被科学家称为终极防风雨伞。

这种防风雨伞不仅曾在风洞中接受测试，还得到曾负责检验飞机机翼及奥运速度滑冰设备的流体动力学家的验证。结果显示，这种新式防风雨伞在面对十级强风也绝不"反骨"，不会像普通雨伞一样在狂风中弃主人于不顾。

　　防风雨伞的伞篷采用了前短后长的不对称设计，在保证使用者视线不会受到阻挠的同时，背部也不会被伞面滴下的雨水弄湿。在流线形的设计下，防风雨伞的伞面经常保持干爽，以铝合金制成的伞骨，令雨伞十分轻巧。

这种雨伞适合生活在台风地区的人们用。

芳香扑鼻的风扇

好香啊，哪里来的香气？

从这里传来的，它不是花，而是一台别致的风扇。

　　闭上你的双眼，发挥一下你的想象。你能想到，用花也可以做风扇吗？美国一家叫"显然蠢货"（Patently Silly)的网站就曾经展示过一台花型的风扇。发明者在人造花的茎杆中装入一个微型发动机，驱动顶部的花瓣旋转。发明者还别出心裁地将香水撒在花瓣上，这样一来，风扇只要一转动起来，就会带着一股芬芳扑鼻而来，让人既能享受凉爽，又能嗅到花的芬芳，所以人们叫它芳香扑鼻的风扇。

这种风扇真不错，真有花香的味道呢！

呵呵，别急，还有更特别的发明呢！

戒指手机

 咦！晶晶，快来看，这个戒指很特别呀！

 是啊，它好像还是一个手机。

 对，这只戒指有着很巧妙的设计，它外表看起来是一只戒指，但其实是一款手机。

这一款手机同样在美国"显然蠢货"(Patently Silly)的网站展示过。它的造型别致，外形酷似一枚戒指。

这款戒指手机由两部分组成：一部分是可以带在手腕上，形状如手镯的话筒；另一部分是戴在同一只手的手指上的戒指形状的听筒。使用这款手机时，你只需将手移到耳边就可以了。怎么样，没有见过吧？发挥你的想象力，或许你能发明比这个还有趣的东西呢！

纸拖鞋

 叔叔，这是纸拖鞋吗？

 对啊，这种拖鞋的发明可是方便了很多人呢！

在印度人的传统习俗里，每当客人进入主人家，都有脱掉鞋子的习惯。作为主人，为客人送上一双室内专用鞋是很得体的礼仪。那么，什么样的鞋子会让客人用得既舒服又方便呢？

纸拖鞋的出现解决了这一问题。

纸拖鞋是用再生新闻纸或其他废纸浆做成的，颜色是自然色，不加任何漂白剂或其他化学品，就连纸拖鞋的夹趾柱和带，也是用非漂白的纸扭制的。

纸拖鞋十分环保又舒服，非常适合医院、宾馆、软件企业、宗教场所、按摩院或长途航班使用。

医院变乐园

 哇，这是什么地方，看上去真舒服啊！

　　这是飞利浦公司发明的"全景环绕体验"保健仓。它是一款可以设置多种多媒体环境的医疗保健仓，主要是提供给医院的病人使用的。

　　通常医院给我们的感觉都是严肃的、安静的。这样的环境很容易给病人造成紧张、焦虑等情绪，但是飞利浦公司发明的这款保健仓可以调节病人的这种情绪。只要病人一踏进保健仓，系统就会自动识别他们，仓内环境也马上改变为适合这个病人的音乐与图像，从而消除病人就医时的紧张、焦虑等情绪，帮助医生更好地给病人治病。

这可真是一个不错的发明。

新生水

 新生水？叔叔，这是怎么回事？

 这是新加坡发明的一种新型的污水处理技术，它的出现将解决新加坡本国的供水危机。

新加坡是一个面积只有600多平方千米的岛国，它的水资源十分缺乏。为了克服国内供水危机，新加坡研究开发了一项污水再利用的技术，它可以实现新加坡国内的饮用水自给自足。这种技术生产的新生水各项水质指标都优于目前使用的自来水，清洁度比世界卫生组织规定的国际饮用水标准高出50倍。"新生水"看起来不过是最普通的瓶装水，清澈透明，打开喝一口，还能尝到一丝微微的甜味呢。

机器人服

 咦，穿上这件机器人服，我感觉自己都变轻了呢？

这一款"机器人服"的独特之处在于，它是利用电力信号在皮肤表面的变化探测到肌肉的运动，然后将运动的力量放大。它不仅可以帮助人把重物轻松地提起，而且可以帮助残疾人爬楼梯。

这种以电池为能量来源的"机器人服"代号为"HAL-5"，

重量仅仅只有15千克。借助这种机器装置的帮助，一个弱不禁风的小女子也能提起几十千克的重物呢。它还能根据已设定的程序进行运动，从而帮助一些老人和残疾人行走或者爬楼梯。

为残疾人发明的东西还有很多种，其中就有一种盲人玩的篮球。

可以听着玩的篮球

为盲人设计的篮球？盲人也可以打篮球？

对啊，盲人的篮球是可以听着玩的。

美国马里兰州的约翰·霍普金斯大学的3名工程学学生联手设计完成了这种可以听着玩的篮球。它使一些盲人运动爱好者也能驰骋在篮球场上；一些学龄儿童可以通过玩这种篮球来提高手的协调能力；另外，如果有一个人在身边照看，就连失明的小孩子也能体会到玩球带来的乐趣。

这种高科技装置的设计原理是在篮球内部装上发声系统，在篮板上安置声音发射器，这样盲人就能依靠听觉来感知篮球的具体位置了。

尽管刚开始制作出的篮球在声音方面还需要做进一步调整，但人们希望足球和排球也能有如此功能，为更多喜欢运动的残疾人提供帮助。

自我修复机器人

 机器坏了就报废了，它们还能自我修复吗?

自我修复机器人不像电影《星球大战》中的机器人，倒是与幼儿园的玩具更加相似。它是由4个智能模块构成，不会走路，也没有说话能力，行动仍然需要人类的帮助，但是它能对自身故障进行自我修复，科学家称它为"自我修复机器人"。

自我修复机器人是由美国康奈尔大学的一个研究小组研制出来的。它将来可能会被送入太空执行一些探索任务。在此过程中，机器人一旦受到损坏或者出现故障，都可以进行自我修复后，继续工作。自我修复机器人还可以用在那些危险的地方，比如战区或遭到破坏的核反应堆等人无法生存的地方。

不仅机器人可以自我修复，就连闹钟也可以"跑"了呢!

30

会躲藏的闹钟

 咦，这个闹钟还会跑？它要躲到哪里去？站住！

 呵呵，这个闹钟跟平时家里用的闹钟还真有点不一样。你看！

如果你平时喜欢睡懒觉，那你可算是遇到克星了。因为由美国科学家发明的这一种新型闹钟，专门对付一些爱睡懒觉的人。这种名叫"Clocky"的新型闹钟可以使想睡懒觉的人乖乖地起床。

"Clocky"与一般的闹钟不一样，当人们按下"Clocky"的按钮时，这个装有一组轮子的新型闹钟就会从桌子上"跑"到地上，并且"藏"到屋子的其他地方去；而且"Clocky"每天都会找一个新的地方充当自己的"藏身之地"。当闹钟铃声响起的时候，即使是再想睡觉的人也不得不从床上爬起来了。

无言手机

 除了会跑的闹钟之外，你们见过打电话不需要出声的手机吗？

 无言手机，不说话怎么交谈啊？

　　无言手机是通过说话人的神经和肌肉运动，来识别语言的，就是用无声感应器来取代麦克风的作用。

　　这种技术原本用于军事上，它使说话人的声音即使在背景噪声很大的情况下也能被电话另一头的人清楚地听见，甚至能够识别默读和唇语。当语音信息被传送给一个电脑发声器时，电脑会重新产生说话人说的那些字词。由于语音是由电脑产生的，所以接到电话的人将听到一种人工合成的声音说话，这或许听起来不太习惯，但这就是人们为了获得安静而付出的代价。

　　这项技术主要运用于一些秘密行动的士兵、在嘈杂的交通工具中的人员以及水下工作的潜水员。也许有一天，普通人就会用上这种技术的改良版本。

地球钟

你们听说过地球钟吗？它可以随时随地向我们直播全球时间。

　　地球钟与地球仪看上去相同，但其实它暗藏机关。地球钟的底座内，有一个带干电池的电机和智能处理器。地球钟的赤道线上，每隔15°经线（即国际时间的一个时区）处贴有一小块"标记"；地球钟外的横支架（固定地球仪的支架有横、竖两条）上，依次序刻着24小时的"时间标记"。通过它，你可以随时随地查看全球任何地区的时间。

七英里靴

听说这种靴子可以上网，是吗？

对呀，是不是有点不可思议呢！想知道它是如何使用的吗？

　　童话中的"七英里靴"可以让你一步走七英里。如今这款"七英里靴"（Seven–mile boots）有着不一样的神奇功能。穿上它，你可以随时随地享受上网聊天的快乐。

　　七英里靴的组件作为一个界面安装在靴子上，它有两种不同的型号，一种可以边走边上网，另一种可以站着进行语音、

视频聊天。当你穿上"七英里靴"后，它会以用户名自动登录进入聊天室，根据使用者的行动或者主题选择频道。

七英里靴的装备包括一个拥有蓝牙技术的计算机、微处理器、传感器、放大器和扩音器。

如果穿上了七英里靴，你就可以在行走中上网、听音乐、聊天，这可比你平时在街上光走路要有趣得多。

七英里靴装置原本是为普通的靴子而设计的，所以对于使用者来说不需要特别的技巧。只要身处可以无线上网的地方，你就可以享受七英里靴给你带来的乐趣。

怎么样？这一款发明有意思吧！

嗯，叔叔，我还听说有一种可以制造美梦的发明，是吗？

Password

未来密码

朵朵有一个失明的远房小表弟。过几天是小表弟的生日，朵朵想送他一个可以听着玩的篮球。于是朵朵就问晶晶的叔叔在哪里可以买到那种适合盲人玩的篮球。晶晶的叔叔说这个很简单，只要朵朵能说出这个篮球的工作原理，他就送一个篮球给她。朵朵能回答出这个问题吗？你来帮帮她吧！

答案：可以听着玩的篮球的设计原理是：篮球内部装上发声装置，在篮板上安置声音发声器，盲人依靠听觉来感知篮球的具体位置。

美梦机

 没错，跟靴子的神奇功能有一拼的还有"美梦机"。它可制造出你想要的梦境。

　　美梦机的设计是为了缓解人们的生活和工作压力。它可以对人们的睡眠内容进行意识化，通过设定睡眠环境，"唤醒"你喜欢的记忆，在人的睡梦中制造出接近你梦想的环境。

　　不仅如此，美梦机还具有"闹钟"的功能，它能唤醒使用者体内的生物钟，便于使用者记住自己的梦境。一接近使用者起床的时间，美梦机就通过播放音乐和发出柔和光线，使人体内的生物钟恢复，诱导人慢慢苏醒。听起来是不是很神奇呢？

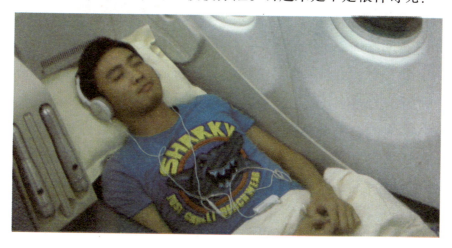

抗乙肝西红柿

 西红柿也被放到展柜里了，它能有什么奇妙之处啊？

这种西红柿叫抗乙肝西红柿。

乙肝是严重威胁人类健康的一种世界性疾病，也是我国当前流行最为广泛、危害性最严重的一种传染病。为了防止被乙肝疾病感染，中国农科院研究发明了一种抗乙肝的西红柿。这种西红柿可以让人在日常生活中，不知不觉地抵抗乙肝病菌的侵扰。

抗乙肝西红柿属于转基因产品。它是把抗乙肝疫苗植入西红柿中，经过多代繁殖，基因稳定化后，才可以食用。

这种西红柿跟普通的西红柿在口感上没有什么差别，它们同样又酸又甜。但是它的作用比普通的西红柿大多了，每年生吃几个这样的西红柿，我们就不要去医院注射乙肝疫苗了。

智能玻璃

叔叔，智能玻璃的神奇之处在哪儿？

用它建成的房子，可以调节室内温度，冬暖夏凉。

智能玻璃是一种利用电致变色原理制成的新型玻璃。

智能玻璃的主要特点是：当光照强烈、天气炎热时，智能玻璃会自动变暗，甚至到完全不透明；而当阳光不足、天气较冷时，智能玻璃又可以在几秒内切换到完全透光的状态，从而使更多的阳光照射到屋内，利用太阳能给房屋供暖。

发明者通过管理照射到房屋内部阳光的多少，利用聚合物、离子膜以及甲醇溶剂结合生产出来的智能玻璃比以往的智能玻璃更便宜、更稳定且功能更强大。

新概念自行车

这款新概念自行车有很多特别之处。比如：它用三星智能手机做前置显示屏。

这一款名为E-Bike的概念型自行车，从外表看它像是一款普通的脚踏电动自行车。但其实它有许多很有特色的设计，比如它没有座位前的横档，男女都适合使用；它的所有驱动设备隐藏在前轮的轴架中，而电池则隐藏在整车的框架内部；更引人注目的是它用三星Galaxy S2智能手机来做前置显示屏，使用起来更方便、更前卫。

这一款E-Bike的概念型自行车是由美国福特公司发明的。它最高时速可达到25千米，重量仅有2.5千克，一次充电平均可

以行驶85千米左右。行驶过程中，骑车人可以打开前置显示屏上的GPS导航系统，仔细选好路线，好好享受惬意的骑行时光。

这款自行车前置显示屏不仅具备所有智能手机具备的功能，它还能充当骑车人对自行车内置系统的操作界面，可以提供经济型、舒适型或运动型三种模式供骑车人选择。而且，骑车人可以根据路况的不同来调整显示屏连接的松紧度，以便适应不同的环境，如颠簸的山路或者普通街道，等等。

前置显示屏还可以充当信息显示器，提示自行车出现的某些故障信息，还可以显示车辆的剩余电量，或者显示车速、骑行距离等各种参数。

我也骑上去试试！

我们一会儿再来试吧！先接着去看下面的发明。

浇花定时器

这么多发明，可是我想要一个可以帮助我照顾花草的装置或机器人。

有啊，这个早就有人想到了。

这一款设计叫浇花定时器。有了这样的浇花定时器，就可以解决你无暇照顾花草的苦恼了。

它类似一台小闹钟，通过闹钟响铃长短来决定浇水的多少，既可以定时又能定量地为花浇水。这款浇花定时器不仅解决了外出时没人照顾花草的问题，还让那些平时只喜欢赏花，不喜欢浇花的"懒花匠"们从劳动中解脱出来。怎么样？

两栖汽车

 两栖汽车，那是什么车？是不是用途很多？

2004年，瑞士发明了世界首台两栖汽车，它的名字叫"Splash"，这种汽车在陆地上最快速度接近200千米/小时，它在水中也能遨游。

而德国发明的"Sealander"两栖汽车更是提供了露营和休闲的可能性。Sealander的内部设有两个长板凳，它们可以当作床；车上还有烹饪和清洁设备，方便日常使用。

对那些在一次假期中既想露营又想泛舟湖上的人来说，两栖汽车无疑是最好的旅行伙伴。夜间你可以用它露营，白天可以晒日光浴、泛舟湖上，或者钓鱼。如果露营地太拥挤，你还可以把它固定住，让它漂浮在水上。

拇指电池板

 我考考你俩，电池板是电子产品的启动能源，在现在的科技发展中，它到底以什么形式存在呢？

美国开发出了一种拇指大小的太阳能电池板，它利用并五苯高效地将太阳光转化为电能。并五苯是用自然生成的氢和碳制成的薄片。

柔软、轻薄的有机太阳能电池板可以给微型电脑以及数码音乐播放器这样的小型电子设备提供能量。由于工程人员不用按照硅太阳能电池所要求的复杂程序那样制造有机太阳能电池，因此有机太阳能电池的价格很便宜。然而，有机太阳能电池的价格虽然便宜，但它的效率达不到硅太阳能电池的15%。

机器人战士

 这应该就是机器人中的战士吧！看起来果然不一样。

机器人界也是有战士的，你看这个美国发明的武装到齿轮的无人地面战斗机器人就知道了。它永远不会疲劳，也不会饥饿，更不会害怕战死杀场。夜视仪和热成像仪能使它的双眼在漆黑的战场依旧炯炯有神；它肩扛一门7.62毫米口径的机枪；履带制成的"双脚"使它在瓦砾中如履平地，同时又悄无声息，直到它向目标吐出火舌。

 好酷哦！叔叔，我们可以跟它合个影吗？

当然可以了。

车轮上的乐趣

这又是一款新型的车子。

与前几种车不同，西格威公司发明的概念车Centaur绝对会给你带来十足的乐趣。

概念车Centaur是由美国西格威公司发明的，主要采用了"动态平衡"技术。

当你在驾驶这辆车时，如果你的身子往前倾，车子就会跟着你的重心一起向前走；如果你往后仰，车子也会随你倒退。驾驶这样的车辆，只需要改变自己的重心位置就可以了，真是充满了乐趣。

在这辆车身上还安装着很多电子传感器，用来确保驾驶的稳定性，保证你在炫耀车技时不翻车。

牙刷杀菌器

 浴室是细菌滋生的绝佳场所，所以专家发明了这种牙刷杀菌器。

新发明的牙刷杀菌器曾被美国《时代周刊》评选为最实用的发明之一。有了它，你就可远离细菌的烦恼了。

把你的牙刷插到杯子里面，只需要轻轻按下一个按钮，10分钟后牙刷杯里面的紫外线就会把牙刷上面99.9%的细菌杀死。它的发明为我们人类的口腔健康提供了一层新的保障。

口腔健康是全身健康的重要部分，所以我们要保护好牙齿，按时刷牙，而且牙刷最好保持三个月一换，同时要更换牙膏的品牌哦！

空中汽车

呀，不好！又堵车了，上学又要迟到了。

别担心，只要有了空中汽车，就可以解决这个麻烦。

　　美国的莫勒驾驶研究中心的MX-400空中汽车在宽阔的街道上轻松自如地奔驰着，顷刻间，它飞上了蓝天。这一创举被专家们誉为"汽车演变的里程碑"。

　　这辆空中汽车前端左右两个发动机舱酷似飞机发动机，后面也有相似的两个机舱；中间是一个透明的驾驶舱。它的尾部有飞机常见的双垂尾和高高的平尾，与飞机的较大不同之处就是它没有机翼。

人造云

 云朵也可以人造，瑞典的设计师就自己制造出了云朵！

 我知道，它的设计者是瑞典的莫妮卡·福斯特。

　　瑞典的设计师莫妮卡·福斯特说，每当她乘飞机在云层中穿行，她都禁不住仔细观察飞机外的云朵，想象当自己站在云里面会是什么样子。当她知道天空中的云大部分在早晨形成，到晚上消失时，她决定用尼龙材料做出一朵云。

　　经过很多研究，福斯特的云朵终于制造出来了。福斯特的"云"大约2米高5米长。"云"里面有一个风扇，能在3分钟内把"云"充满，整朵"云"的总重量只有15千克。福斯特打算用这样的人造云为人们提供一个安静的会议场所。

未来密码

牛津大学的科学家研制出了一辆先进的机器人汽车，名为"野猫"(Wildcat)，它可以代替人类驾驶汽车。它不仅能缓解交通拥堵问题，还可以根据以往的经验避开各种障碍，例如坑洼和行人，同时绕过拥堵路段。机器人汽车之所以有这样的功能，源于它有一系列技术装备可以实现自动驾驶和导航。发挥一下你的想象力，假如你是发明家，你会怎样来设计这款机器人汽车呢？

答案：给机器人汽车装上激光器和摄像头"眼睛"，用于监视路面，同时借助一个巨大的计算机大脑处理信息、做决定，并根据周围环境和速度的变化做出调整，一旦得知前面出现拥堵，便立即绕道而行。

透明墙

唉呀！疼死我了，这里怎么会有一堵墙呢？

这是一种新的透明墙。

透明墙也是最实用的发明之一。平常的水泥墙都是不透明的，但是当你把玻璃和水泥混合在一起，就能制造出一堵透明的墙来。这种厚度在5厘米以上的"透明墙"不但能透光，而且和普通的水泥墙一样结实。

要让墙透光又结实，普通的玻璃是达不到这种效果的，只有使用纤维状的玻璃才可以。当然，这堵另类的墙也不会便宜，它每立方米的价格高达6万5千美元呢！

可以求救的神奇衬衫

如果你要求救的话，穿上这种衬衫就可以了。只要你设置好，它就自动可以向外界求救！

这是一种神奇的衬衫，穿上它，当你在不小心跌倒时，衬衫就会自动向外界发出求救信号，使你可以及时得到救助。

这种神奇的衬衫是由新加坡的发明家发明的，它是专为老人设计的。

衬衫的内部装置了传感器，当老人跌倒时，传感器就会把信号传送到老人家人的手机上或者邮箱里，使老人能够得到及时救助。传感器甚至可以测试出跌倒时的速度和倾斜度。听起来是不是很神奇呢？

"衬衫"会求救，洗衣机也会"说话"哦。

会"说话"的洗衣机

 洗衣机会"说话"？它是怎么"说话"的？

美国密歇根州立大学工程学院的学生们为盲人设计了一款新的洗衣机控制系统。这些立志在工程界大显身手的学生们，在教授埃里克·古德曼的指导下，设计了洗衣机控制板，每按下一个按键，就会发出指导性语言，告诉使用人这一按键的功用，供盲人选择。

这款新的产品被该大学中负责残障学生工作的麦克尔和卡拉·哈德森盲人夫妇试用后，得到了他们的认可，他们表示使用起来非常合意。

看来，这款新型的洗衣机确实为残疾人在生活上提供了很多帮助，并且让他们对生活更有信心了。

隐形斗篷

隐形斗篷，真的会有隐形斗篷吗？那岂不是可以像哈利·波特一样隐身了。

隐形斗篷，是一种很神奇的东西，穿上它可以隐身。在英国魔幻小说《哈利·波特》中，隐形斗篷是一件神奇的道具，主人公哈利常常用它来干一些在霍格沃茨魔法学校里不允许的事情。那么在现实生活中，会有这样神奇的斗篷吗？它又是怎样被制造出来的呢？

其实，在现实生活中，科学家们一直都在研究隐形斗篷的制作方法。英国的一些科学家就曾研制出各种"隐形斗篷"，这些"隐形斗篷"可对从冬衣到坦克等任何事物进行隐形，但是这些最初被研制出来的隐形斗篷的隐形效果并不是很理想。

　　美国达拉斯大学的科学家最新研制出一种隐形材料，这种材料是将纳米管材的独特性应用于可切换开关的隐形装置，并且这种装置显示了它神奇的隐形效果。

　　新型隐形材料不仅能在空气环境下实现，在水中也可以实现隐形效果。它可以与哈利·波特的隐形衣相媲美。这种隐形装置是由加热碳纳米灯丝形成"光线弯曲"现象，其原理与人们熟知的海市蜃楼现象有相似之处。这种现象被称为"光热偏向"，是指偏离物体表面的"弯曲光束"射向观测者的眼睛。这类似于当地面热空气反射一个水波图像至天空，而不是让光束从地面上进行反射，这一过程就形成了"海市蜃楼"的虚幻景象。

机器人奔跑冠军

机器人奔跑的时候是什么样子的？既然是奔跑冠军，它的速度一定很快！

　　世界上奔跑最快的机器人？哈哈，它就是美国密歇根大学研究小组研制出的一款仿生双腿机器人——梅布尔(MABEL)。这个机器人重量为65千克，与人类体重十分接近，它有优美的奔跑步姿，而且时速可达10.9千米，是一个具有高敏捷性的双腿机器人。

　　梅布尔是模拟人体重要分布结构进行设计的，安装在机器人身上的弹簧犹如人体的肌腱。梅布尔奔跑时动作十分优美，奔跑时它的脚部可腾空离地10厘米左右，而其他机器人在奔跑时脚部仅能腾空0.5厘米。

机器鱼

你们知道这条机器鱼是用来干什么的吗?

机器鱼身长1.23米,通体色泽亮黑,外形像条鱼,所以叫它"机器鱼"。它是我国研制成功的首条机器鱼,可以在水中连续工作3个小时。

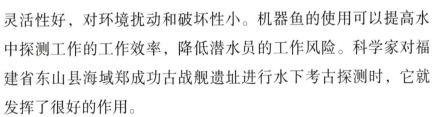

机器鱼是由遥控器和计算机来对其发号施令的。它的航行速度能满足水下考古探测要求,操作简便,灵活性好,对环境扰动和破坏性小。机器鱼的使用可以提高水中探测工作的工作效率,降低潜水员的工作风险。科学家对福建省东山县海域郑成功古战舰遗址进行水下考古探测时,它就发挥了很好的作用。

机器鱼不仅可以用于水下考古、水中摄影、探查狭窄水道、测绘海底地形地貌,还可进行水中养殖和捕捞,并作为水下微小型运载工具在抢险搜救等工作中发挥重要作用。

神奇的"飞毯"

 有了像哈利·波特一样的隐形斗篷，那么魔法师飞毯的出现也变成了可能。

 真的有飞毯吗？叔叔，快带我们去看看吧。

美国的研究团队使用了压电致动器和传感器来控制飞毯。传感器和能使产生空气动力的"涟漪"作用在塑料薄板的后部，推动其在空气中移动。这个原理证实了在水平表面上构建一个飞毯的物理模型基础。

虽然这个试验还有许多的问题，但是发展潜力还是很好的。解决飞毯的动力问题是现在遇到的很棘手的一个问题，但是研究人员觉得今后可以发展出以太阳能为动力的升级方案，使飞毯可以飞行较长的距离。

期待不久后该试验能在前进飞行过程中彰显出鱼鳍那美丽的二维起伏波动，这样它就更像一个"神奇的飞毯"了。

私人空中陆地车

这是汽车还是飞机啊？

它是一种私人空中陆地车，在陆地和空中都可以行驶。

　　私人空中陆地车拥有高度环保的汽车引擎，既能像常规汽车一样靠汽油驱动，也能靠生物燃料和酒精驱动。大马力的引擎保证其不管是在陆地上还是在空中，它都能以每小时200千米的速度行驶。

私人空中陆地车起飞时需要50米长的跑道，但它降落时能够垂直降落，并不需要占用太大的空间。装满燃料之后，它每次最多能飞行550千米的距离。而它发出的噪音低于70分贝，远比一架直升机更安静。

　　根据设计，私人空中陆地车只能在1200米以下的空域中飞行，这样就不至于和商业民航飞机的飞行空域发生冲突，也不需要向航空部门提交有关飞行计划报告。

靠意念玩游戏的神奇帽子

 哇！这款帽子好神奇啊！我真想试戴一下。

你是否听说过特异功能？你是否相信这个世界上有人具备特异功能？你是否幻想过自己具有靠意念移动物体，拥有心想事成般的特异功能？

这一切听起来似乎具有一些神秘、悬疑的色彩，但是随着当今科学技术的发展，有些事情光靠想象就能办到也不再是什么无稽之谈。

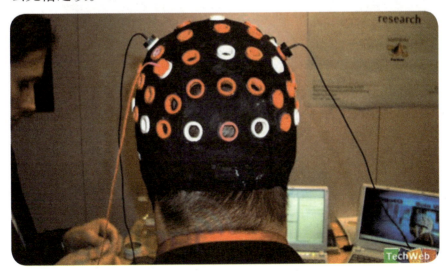

  CeBIT大展上，来自澳大利亚的Guger科技的工作人员向人们展示了一款能够实现意念控制的神奇帽子，不过它还并不是能够赋予人们以特异功能的设备，而是帮助人们来实现"靠意念来玩电脑游戏"的神话。

失物探测器

 哈哈！如果有了这种失物探测器，我就不用再担心找不到钥匙了。

当你不慎丢失了贵重物品，你是否常常祈祷：神啊！帮我找回它吧！

多年以来，人们都希望能尽快找回丢失的物品。现在，你可以把能发射无线电频率的标签贴在最易丢失的物品上。

当某样东西丢失后，打开遥控器，它会为你指引正确的方向不仅仅是左右，还有上下。当它在丢失物品的附近时，标签自身就会发出"嘟嘟"声，以便你能迅速找回那些物品。

水陆两栖房屋

 这是房屋吗？好奇怪呀！

 是啊，有了这种房屋，人们就不用害怕发洪水了。

　　人类与自然对抗时的脆弱是不言而喻的。在荷兰，1953年的海岸决堤就导致了1800多人死亡。政府和民间组织一直在想办法，让人们在面对这些灾难的时候更从容，于是他们开发出了一种水陆两栖房屋，让人们从躲避水到亲近水，并且达到治标的目的：从根本上解决岸堤被冲垮，人们无家可归的问题。

莫伦斯一家就曾经在1995年成功逃避洪水，因此，他们成为了水陆两栖房屋的第一批用户。他们的房间是木制的，混凝土底座是中空的，虽然看起来与传统房屋类似，但是足以浮在水面。房屋重量均衡，不会翻倒。由于固定在一个位置，它不会漂走，水电都是通过可折弯的管道送入房间，因此他们再也不必逃离家园了。

随着冰川融化，导致海平面上涨，洪水的问题将会更加严重。据联合国预测，2050年以前，将有20亿人面临洪水威胁，届时这种水陆两栖房屋也许会成为新的"诺亚方舟"。

房屋建在坚固的"蜂巢"结构之上，让其能够顺利的浮起。

当水位正常的时候，房屋会待在"船"的基部。

圆形UFO状MP3

 UFO？这款MP3看起来好时尚啊！

为了打发泡澡时的无聊，日本JVC公司近日推出了一款适合在浴室里使用的防水MP3播放器，这对于爱洗澡的日本人来说无疑是个不错的选择。

这款型号为XA-AW33的播放器能够漂浮在水上工作，还被设计成了圆形UFO形状。它支持MP3、WMA等格式的音乐播放，此外还可以支持FM收音机功能，提供的普通碱性电池则可进行连续15个小时的音乐播放。

　　XA-AW33播放器本身的重量为260克。由于XA-AW33播放器采用了防水式设计，使用者在泡澡时可放置在水面，内置的扬声器可保证良好的音效体验。

接下来带你们去探测一下神秘的外太空吧。

第二章
Chapter Two
太空大探测

　　虽然这些新奇好玩的发明已经让晶晶和朵朵眼花缭乱了，但是去太空里探秘将是更有意思的事情。准备好了吗？我们一起去参观一下UFO机场吧，看看谁是星际外交官，除了地球，你对其他星球了解多少？你知道宇宙的奥秘是什么吗？跟我们一起遨游太空吧！

UFO机场

外星人频频光临地球，让人们产生了为外星人建立UFO机场的想法，以便将来能够与外星人交流。

在法国的阿里斯小镇有一座UFO机场，这个机场是为了迎接外星来客而特意建造的。为了表明星际外交的友好立场，当地的议员们还立法给予外星人税收赦免权以及参加滑泥比赛的权利。

UFO机场呈三角形，位于一处海滨空地上，适合任何形状的飞行器降落，机场内树立着一块刻有"欢迎所有天外来客"的大理石板。不过，机场目前还没有任何一架飞碟到来。

为了给"害羞"的外星人做示范，当地人举办了一场模拟"第三类接触"的仪式：一架由当地艺术家设计制造的"飞碟"降落在UFO机场，当舱门打开，化妆成外星小绿人的表演者走下舷梯，踏上地球土地，成为来这里的首批"外星来客"。

除了法国的这个UFO机场之外，美国威斯康星州承包商韦伯也在该州的埃尔姆德村兴建了一个5平方千米的机场，专门用来接待UFO。同样，在巴西和波多黎各也都有UFO机场。

真想去看看UFO机场，或许还能看到真正的外星人呢！

追踪UFO遇难的上校

 这位上校如果幸存的话，说不定我们能够更加真实地了解UFO呢。

最早公开的UFO事件中，有一起发生在1948年1月7日下午。这是一场不幸：年仅25岁的美国肯塔基空军国民警卫队飞行员托马斯·曼特尔上校坠机身亡。

当天下午1：20，曼特尔上校领航的4架P－51发现一个直

径为75～90米的圆形物体，他跟踪目标上升到4800米的高度，空气越来越稀薄，而他没有携带氧气面罩。后来他又跟踪目标到了6800米高空，但是由于飞机飞得太高，由于飞行员缺氧最终导致飞机坠毁。

当消防员把曼特尔的遗体从飞机残骸中拖出来时，他们注意到，曼特尔破碎的腕表上显示的时间是15：18。

15：50，不明飞行物从地面观测员的视野中消失。

富士山上空的UFO舰队

别以为UFO只光顾欧美国家，其实在我们亚洲国家，也出现过UFO的踪迹。

2011年1月7日14：00左右，家住日本千叶县船桥市的风景摄影家田久保正人正在富士山顶拍摄风景照片，无意中拍下了一群不明飞行物经过富士山顶的照片。

当时他并没有在意，以为是一群大雁经过，但放大照片之

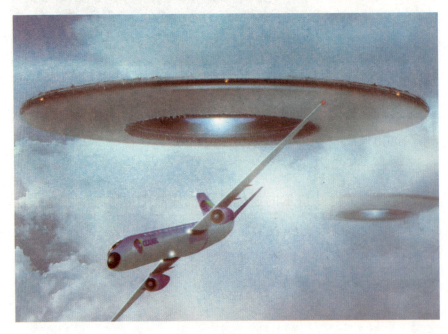

后发现，这些飞行物都呈半圆形，而且还发着银光。

田久保正人把照片送给日本著名的UFO专家矢追纯一鉴定，矢追纯一认为，这些超大的飞行物明显不可能是鸟类，而很可能是UFO。

在此之前，南美等地区就出现过几十架UFO舰队，这次在富士山顶附近出现的不明飞行物，或许也是一支UFO舰队。

来自土星的无线电波

叔叔，这种无线电波真的是"土星人"和我们打招呼的声音吗？

呵呵，当然不是，这属于一种天然电波。

卡西尼-惠更斯号是美国宇航局、欧洲航天局和意大利航天局的一个合作项目，主要任务是对土星进行空间探测。

卡西尼号从土星上探测到一种无线电波，这种电波人耳是无法听到的，但在卡西尼的"耳朵"里，这种无线电波就像是一种空袭警报声，随

着土星的每次自转而发生着声调的变化。

　　我们知道，世界各国的航天航空部门都在致力于搜集各种天体发出的无线电波，期望从中分辨出外星生物发来的信号。难道，这种来自土星的无线电波正是"土星人"跟我们打招呼的声音吗？

　　经过科学家们的研究分析，这种无线电波不是"土星人"发来的，而是属于一种天然电波，是由于土星自转引起的。通过这种信号，科学家们可以计算出土星的自转周期。

食岩细菌妙用

食岩细菌是什么？也是来自太空的东西吗？研究它有什么作用？

美国研究人员认为微小的食岩细菌可以采集火星宝贵的资源，并为人类首次殖民拓展提供基础条件。

研究人员认为最有希望的火星拓展细菌是蓝细菌。因为蓝细菌不仅能在真空环境下

生存，而且能够完全承受异常恶劣的环境。蓝细菌形成于地球25亿年前，差不多能在地球任何环境下利用光合作用将阳光转化为能量。它暴露在干燥的模拟火星环境中可持续存活28天，也曾经被研究人员作为"人工沙漠种子"来使用，仅15天就能建立一层坚硬的沙土，而且在每秒10米的风速下仍能保持沙土

不流失。

　　有的科学家最初期望蓝细菌能够处理月球和火星上发现的岩石，于是他们测试了几种类型的蓝细菌，发现一种叫作"Anabaena cylindrica"的蓝细菌能够对所有类型的岩石进行采集，其中也包括较高和较低硅含量的岩石。

　　科学家们展望蓝细菌将会成为把火星转变为绿色或者蓝色地球的"先驱"，不过，这个计划在短时间内还不太可能完成。

提到火星，我们就来说说火星上的液态水吧！

火星上的液态水

随着对太空的探索，人们发现火星上也是有液态水存在的。

液态水的存在形式是什么？对它的研究能说明什么？

美国的凤凰探测号火星探测器显示了火星表面过去和现在都有液体水存在，并且在火星上还发现了火山活动的迹象。探测研究结果表明，液态水主要以接近0℃的温度存在于火星表面，完全可排除有热液系统在火星上存在过的可能性。

通过对由凤凰号采集的火星空气样品的分析，研究人员发现火星大气中氧气和二氧化碳的同位素的比例和地球大气非常相似。由于火星重力小，缺乏磁场，而且一些质量轻的气体都被输送到了磁场，因此火星大气中有一部分气体损失，而大气中损失的气体需要用火山活动中带二氧化碳的气体来填充，这也表明火山现象在火星上存在的必要性。

　　研究人员还将由凤凰号在火星上收集到的数据和已经落到地上的火星陨石中的氧气含量做了比较。他们发现火星上从火山喷向大气中的二氧化碳在氧气比例上与岩石中的二氧化碳非常相似，但是它们之间也有很多的不同。这些不同说明了火山岩石中的二氧化碳之前已经和液态水发生过作用，它使火星上的碳化合物中的氧气更加丰富。

　　研究人员将陨石数据和由凤凰探测号收集的数据相比较后肯定了一些关键的发现。一块可以追溯到最近的地质火山时代的陨石，包含有甚至可以和凤凰号收集的大气数据相匹配的碳酸盐岩同位素浓度。这就证明，尽管火星上环境严酷，但与碳酸盐的形成相关的含水条件已经开始出现。

未来密码

假如将来有一天，我们人类真的要移居月球，那么在月球上建立生活场所是必需的。可是月球的环境跟地球上有很大不同，我们在地球上使用的很多非常好用的工具，不可能带到月球上去，即使带上去也不一定能用。那我们应该如何解决这个问题

呢？你有什么好的办法吗？答案就在本书中，你能找到吗？

答案：美国的克里斯·扎西尼发明了一种使用气体挖掘月球土壤的方法，是专门为人类日后在月球上建房子时用的。

通天铁轨

哇，以后可以通过通天铁轨登上太空了！它是怎么把人送到太空的？

　　美国宇航局肯尼迪航天中心的一个工程师团队以及其他中心的工作人员，正在研发两种采用高精尖技术的新型发射系统。如果研制成功，我们将可以看到安装了超音速喷气发动机的V形飞行器沿着一条带电铁轨飞驰，搭载飞船驶进轨道的科幻场景。

　　一项早期的提议要求为运载飞机安装靠超音速燃烧推进的冲压喷气发动机，那样运载飞机的速度可达到10马赫（即音速的10倍）。运载飞机进入上层大气层之后，其尾部类似火箭二级助推器的推进器将点火，把小型有效载荷舱或太空舱送进轨

道。运载飞机完成高空发射之后，将返回地球的跑道，然后准备下一次飞行。

宇航局的科学家除了考虑采用带电铁轨之外，还考虑了其他的方式为铁轨发射飞行器提供能量。科学家们正在研究一种采用空气推进的铁轨发射台，该研究小组正在向宇航局革新技术计划申请更多的资金，以完成该项研究。

设计人员在研发运用铁轨来发射飞机的过程中，可以借鉴已经进行的一系列测试，最终的目标是研制出一种能够将小型卫星送进轨道的飞行器。斯塔尔表示，先进太空发射系统将不会取代宇航局即将退役的航天飞机或其他载人航天计划。如果早期无人发射器能获得成功，该系统将会被用于运载宇航员。

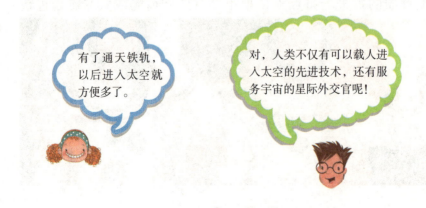

有了通天铁轨，以后进入太空就方便多了。

对，人类不仅有可以载人进入太空的先进技术，还有服务宇宙的星际外交官呢！

星际外交官

 人类为了与外星人友好接触建立了UFO机场，那么负责与外星人谈判的自然称为星际外交官。

 谁会是星际外交官呢？

如果外星人真的造访地球，谁来接待这些贵客？别担心，联合国已经确定了人选，她就是地球首位外星生物接洽专员——马紫兰·欧斯曼，专门接触那些可能造访地球的外星人。

马紫兰·欧斯曼是马来西亚天体物理学家，曾担任航空局的局长，2007年被任命为联合国外层空间事务厅负责人。欧斯曼在英国皇家学会会议中心召开的科学研究会上阐述了她的科学发现，并向出席会议的代表们说明了她从几百个星球发现的外星生命体的迹象。她说人类需要未雨绸缪，做好与外星生命接触的准备。

UFO的核基地之旅

外星人和UFO光临地球事件一直都是政府封存的档案，然而现在很多探测表明，外星人光临地球已成不争的事实。至少大量的UFO目击者确信这一点。

UFO和外星人到底是否存在或光临过地球？一直以来都没有一个确定的答案。然而，美国军事基地的相关人员在一次发布会上证实了这一事实。

UFO曾经多次在美国的军事基地出现，还曾对美军基地的核导弹发射系统进行过"神秘攻击"。目击者们声称，只要这些UFO神秘出现，美军基地内的核导弹就会发生故障，无法发射。

　　美国空军前上校罗伯特·萨拉斯在蒙大拿州马尔姆斯特罗姆美军基地就曾亲身经历了UFO事件。当时，一架散发着亮红色光芒的椭圆形飞行物出现在了军事基地的上空，这架飞行物的直径约有9～12米，一个地面的卫兵向他报告了情况。他们随后发现，军事基地中的导弹发射系统几乎全都出现了故障。

　　在此之前，马尔姆斯特罗姆空军基地也曾发生过一起UFO事件，当时空军基地前地质测量师帕特里克·麦克唐纳和其他工作人员正在一个新建成的导弹发射井边工作。突然一个碟状不明飞行物出现在了90米高的上空，他们立即吓得驱车逃离现场，由于匆忙和惊慌，他们的卡车还在颠簸的道路上翻了。

　　而美军基地副指挥官查尔斯·哈特在本特沃特斯皇家空军基地时，曾看见一架神秘UFO从空中向该军事基地发射了几束

神秘的光束，一些光束照射在了核武器储存库附近。

　　已经退役的美国空军上校布鲁斯·芬斯特马也曾在美国怀俄明州沃伦空军基地，发现了一个雪茄状的UFO。它盘旋在沃伦军事基地的上空，然后突然加快速度，在几个导弹发射井的导弹上空飞速移动。而另一名美国空军退役上校杰里·尼尔森在美国新墨西哥州沃克·AFB导弹基地也曾亲眼看见一架UFO从空中将一束明亮的光束投射到军事基地的导弹发射井上。

好了，先说到这儿，我带你们去看看太空旅馆吧！

太空旅馆

 太空旅馆是什么？

 我知道，就像太空空间站一样，它既是一个服务机构，又是宇航员的避难所。

　　科技总是在不断地向前发展，人们对探知未知世界的好奇心也越来越大，其中"太空游"就是人们一直追棒的话题。

　　俄罗斯轨道技术公司提出将与俄罗斯国有动力公司联手打造一个可以容纳7人的"太空旅馆"的设想。"太空旅馆"的建立主要是为一些普通游客、科研机构、航天部门等提供方便的住所。它将成为"商务、国家和私人太空旅行中独一无二的目的地"。

　　对太空旅客而言，完成

一次行程颇费周折：要"蹭船"，搭乘载人飞船前往国际空间站；要"蜗居"，在相对狭小的空间站与宇航员共处数日；要小心，不能碰坏任何实验仪器设备；要安静，不能干扰宇航员的正常工作。总之，近乎花钱买罪受。而太空旅馆的建立能为旅客提供舒适环境，最大限度维护旅客权利，保证他们拥有私密空间。另外，旅客将享受定制式餐饮服务。公司考虑聘请名厨为旅客烹制美食，打包后送入太空旅馆。

除此之外，太空旅馆还可为驻守国际空间站的宇航员提供紧急避难场所。

土卫六中的基础生命分子

 水是组成生命的基本元素，除了地球之外，人们在很多星球上也发现了生命的基础分子，比如：土卫六。

科学家们发现土星最大的卫星——土卫六上层大气中拥有合成地球上具有复杂分子的所有物质。这些物质是组成地球生命形式的基础单元。

土卫六的大气层非常浓厚，成分与地球类似，主要以氮气为主。一些来源不明的超大分子在大气层中漂浮，它们中有一些包含多达1000个的碳原子。土卫六上没有液态水，但土卫六上有甲烷雨，降雨过后涓涓细流汇入湖泊。

另外在土卫六的大气层检测中，科学家还检测出氧气分子，这一系列的研究结果表明土卫六的上层大气可能是当前生命物质分子的储藏室，可以作为生命物质的基础。

大气层外缘的外来生命

什么是外缘的外来生命，不是外星人吗？

这种外缘生命还真与外星人不同。我们来看看，到底是怎么回事儿吧！

寻找外来生命并不一定需要穿越银河系赶赴遥远的星体，也许就在我们地球的大气层的外缘就有外来生命，而且这些外来生命可能有的已被小行星或彗星带到了地球上。

英国科学家认为，在地球大气层的外缘可能会有一些物种，能够耐受高辐射、极度严寒和接近真空的环境。它们也许是一种全新的微生物组织，并且有可能说明地球上的所有生命其实都是源于银河系中地球以外的某个位置，只是在很早以前被"带"到地球上。

月球挖掘机

在地球上建房子，可以用土壤挖掘机，那么到月球上生活用什么来挖掘土壤呢?

如果将来我们人类要在月球上生活，生活方式必定会跟地球上的大不相同。因为我们在地球上使用的很多非常好用的工具，不可能带到月球上去，即使带上去也不一定能用。

美国的克里斯·扎西尼发明了一种月球土壤挖掘方法。这种挖掘方法是通过向土壤中注入气体产生一个高压环境，气体在压力作用下产生的强劲动力，会把月球土壤顶开，让月球土冲出。而运转这种机器的气体则会从宇航员每天呼出的二氧化碳气体或者燃烧任何月球登陆工具的火箭助推器内剩余的燃料中获得。

英国UFO的X档案

UFO不仅在美国军事基地曾多次出现，英国也有UFO光临地球的相关档案。

　　UFO一直是萦绕在人们心头的未解之谜，但是很少有人知道英国国防部对UFO目击事件有相关的记录。

　　1956年，曾有UFO神秘闯入英国皇家空军莱肯希思基地领空，当时基地下达密令，让战斗机紧急起飞拦截UFO。这架UFO可通过雷达观测到，甚至地面观测者也能看到。UFO在飞行中接近战斗机，跟随了一段距离之后便以极快的速度飞离。

　　2003年，英国伦敦东达利奇区两名女性目击者告诉警察，她们透过窗户看到天空中有像蠕虫外形的UFO在空中扭动盘旋。这对未透露姓名的母女俩将观测到的

UFO通知了警方，但到达现场的警务人员并不相信她们所说的话，反而认为可能是由于窗户反射星光和路灯造成的错觉。

2004年，亚历克斯·布里奇拍摄了一组诺丁汉郡雷特福德城镇大厅附近出现的UFO照片，并于2004年7月与英国国防部防御地理和影像情报局进行了联系，他已排除UFO照片可能是透镜光斑的可能性。然而国防部防御地理和影像情报局对提交的证据并未做出明确的推断，他们认为这可能是被照明物体表面途经图像中心所发生的拍摄巧合，也可能是潮湿水雾等透镜异常现象造成。

2003年6月28日，英国格拉斯顿格里音乐节的"金字塔舞台"上空100米处出现神秘移动光线；另一份文档显示在2006年夏季英国国防部接到了大量UFO目击事件，有目击者称天空中出现了释放橙色光线不明飞行物队形。但是专家认为，许多人所看到的UFO很可能是中国民间传统中释放的孔明灯。

中国的沙漠怪圈

 在中国的沙漠区域也发现了"怪圈"现象，除了一些传说，它出现的真实原因，一直是一个谜。

　　"沙漠怪圈"是指那些一夜之间出现在沙漠地带或荒漠化的农田或牧场里的奇特图案。这些图案错综复杂，既有几何形状和圆形，也有抽象概念的形状，通常是在紧贴地面的高度，然后地表的土壤与周围土壤形成鲜明对比时形成的。有些沙漠怪圈可以解释清楚，有些则至今仍是一个谜。

　　世界各地类似沙漠怪圈的现象有很多，其中最著名的应属秘鲁的纳斯卡地画和英国的麦田怪圈，至今科学家也无法解释大多数现象是如何形成的，所以最终将矛头指向地外文明。

　　我国的青海省德令哈地区早在20世纪70年代就以外星人遗址闻名世界。一夜之间在沙化的牧场上曾突然出现了一个直径近2000米的巨型圆环图案，怪圈不但是规则的圆形，其中还有复杂对称的图案，图案的边缘相当精准。这个沙漠怪圈比一般40～200米直径的麦田怪圈要大很多，也更为壮观。

　　"怪圈"现象因被人们认为是外星人与地球人的一种沟通方式而长久以来保持着神秘的色彩，也让很多外星人爱好者一直追随研究。那么这一现象产生的成因到底是不是外星人所为呢？还有待我们继续研究。

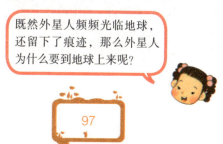

　　既然外星人频频光临地球，还留下了痕迹，那么外星人为什么要到地球上来呢？

外星人光临地球的理由

这个问题的答案，有关专家一直都有各种猜测。但是，它们到底是好意还是恶意，目前还拿不准。

频频出现的UFO目击者事件让"外星人究竟为何光临地球"成了专家们探索的话题。

有人认为外星人来地球的目的只是为了探索地球文明，顺便教我们解决一些困扰人类数千年的难题。

还有人认为外星人是先探测学习我们的文明，然后再将人类消灭。

外星人究竟为什么光临地球？它们到底是友好的，还是恶意的？这些问题还需要我们人类继续去探究。

第二个地球

宇宙的奥秘无穷，许多科学家对于宇宙的探索有着浓厚的兴趣。地球上之所以有生命存在，是因为它具备了液态水和大气两个最为重要的因素。在太阳系中，地球是最适合人类居住的行星。那么，在太阳系之外，宇宙之内还有没有适合生命居住的理想行星呢？

答案是肯定的。瑞士日内瓦天文台的研究人员，在太阳系外发现了一颗跟我们地球有些相似，气候相当温和，有可能适合生命存在的系外行星。这颗系外行星被称为HD85512b，它环绕一颗名叫HD85512b的恒星运转。该行星绕其母星轨道运行一周，只需54天。

行星HD85512b距离太阳系大约36光年，它只比地球重3.6倍，整个星体由岩石构成，而不是像木星那样是一团巨大的气

体。HD85512b是几个已知、最有可能适合生命存在的系外行星之一。因为这颗行星处于所在恒星系统的"宜居带"，它与恒星的距离适当，所以不会因为太远而导致水结冰，也不会因为太近而导致水蒸发。

如果这颗行星有跟我们地球一样的大气层，而且有大约50%的云层覆盖面积来保持它的温度，这样液态水就能在行星的表面存在；气候就能足够温和，生命就能够存在。

如果这颗行星表面确实有液态水存在，就很可能有生机勃勃的生命存在，那么这颗行星将是与地球最像的系外行星，即"第二个地球"。

Password

 **未来密码**

晶晶和朵朵为2012年地球毁灭之说争论不休，于是，她们请晶晶的叔叔评评理，到底谁对谁错？2012年地球毁灭现在看来已经没有可能，但还是有科学家认为，地球毁灭是迟早的事情，人类若想延续生命与文明，只有移居太空。关于这一点中国也在不断做着努力，我国2011年一项研究技术的成功发射，标志着中国能够掌握空间交会对接技术及建立空间实验室。这一项技术指的是哪一项呢？

答案："天宫一号"的成功发射，标志着中国迈入中国航天"三步走"战略的第二步的实现，即能够掌握空间交会对接技术及建立空间实验室。下一步，中国要建造自己的太空空间站。离开地球到外太空生活已不是不可能的事。

与外星人通话

 有了UFO机场，有了星际外交官，人们又将如何跟外星人交谈通话呢？

外星人的存在，引起了人们对外星智能物种的探索，那么如何与外星人进行对话呢？有些科学家希望通过研制一种与海豚可以双向沟通的通用语言，来帮助未来人类与外星人进行对话。

海豚是一种富有智慧的生物，它们具有复杂的大脑结构，复杂的社交系统，它们可以形成联盟组建群体，并在群体之中分担职责。同时，它们之间具有一定的语言系统，可以进行沟通联系。

海洋生物学家丹尼斯·赫尔金认为现今对外星智能探索活动过于粗糙，无法分辨外星人的信息是表达何种意思，但通过与海豚进行语言沟通可作为模拟与外星人交流，有助于对外星

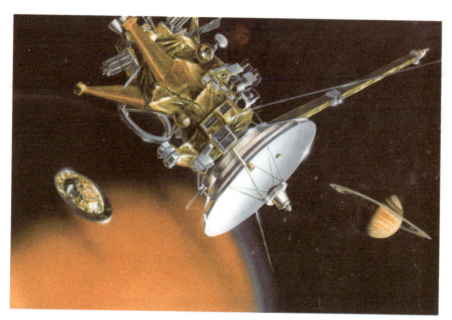

智能探索的突破。

美国加利福尼亚州山景城外星智能探索协会的射电天文学家塞斯·肖斯塔克说："这一观点听起来很好，但人们不能过于自信，50年前科学家曾提及相关的构想，但到目前为止这仍然只是一个不错的想法。"

但丹尼斯·赫尔金坚信这一点。因此，赫尔金仍继续改善与海豚的双向沟通方法，在具体实验中他们将使用水下键盘和贴有标签的小球工具来匹配海豚的口哨声音，并将它们的口哨声音所表达的含义记录下来。

就在科学家研究如何与外星人通话的时候，另一项对外星人造访地球的标记研究也正在展开。

外星人的造访标记

外星人造访地球，或多或少会留下一些标记。

那么除了"怪圈"，外星人会给我们人类留下哪些标记呢？

如果宇宙具有外星智能生物，而且他们具备来到地球的宇航技术，那它们有可能在数百万年前就已经到达过地球，而且它们也会使用先进的技术留下某种符号或者标记，这些标记对我们人类今天的科技而言，是可以被我们所发现的。

我们应该从自身周围环境中寻找外星人可能留下的信息，比如地球上某些地质环境，甚至于我们的细胞。外星智慧生物如果到达地球，根据当时地球的物理化学环境，外星人或许会使用某种技术将一些信息留在地球上，通过地质活动被完好地保存下来，而我们可以通过一些间接的证据来推测其是由外来文明的科学技术所留下的痕迹。

如果外星智能生物如果在远古时期登陆地球，那它们留下的痕迹应该在更早的地层中，也就是说埋藏在地下深处。同时，这个范围不仅仅局限于地球，还可以是月球或者其他一些小行星上，就像我们可以通过对化石的研究，发现史前生物一样。对其他近地天体的地质调查，同样也可以间接洞察外星智能生物留下的痕迹，即使当它们离开的时候，一些痕迹被物质填充或者侵蚀，但总有些会被留下。

我们还可以通过寻找核废料搜寻外星智能生物的痕迹。这个载体就是钚244。这种元素在自然界仅微量元素，但是具有8000万年的半衰期。如果在某一个地层中发现大量的钚244年代检测异常，那可能预示着其来源于一个外星核技术。

外星智能生物可能使用放射性物质对空间位置进行标记，甚至可能在我们的DNA中留下某种信息。外星智能生物在抵达地球时，在史前动物或者人类早期遗传物质中留下能体现它们科技实力的信息，而我们的存在，就是它们曾经存在于此，并留下痕迹的证明。

虽然在地球上寻找外星智能生物痕迹的想法有点儿带有幻想，但是任何事情都存在着可能性，即使可能性的概率非常小。

目前人类最大且最有希望寻找到外星智能生物的办法由搜寻外星智能生物计划研究所在进行，这个研究所进行的分析工作可以让全世界的计算机一起参与，只要你在电脑上下载运行相关程序，就可以帮助科学家检测外星智能生物发来的射电信号。

冥王星上的液态水

科学家不仅在火星上发现过液态水，在冥王星上也发现了液态水。

人类对于宇宙的探索是无止境的，寻找地外生命的工作也不断推进。然而生命的存在离不开水，所以探索地外生命的首要标准就是环境中存在液态水。美国科学家经过探索研究推测，冥王星具有存在液态水的条件。

此前的研究人员认为，表面温度低至$-230℃$的冥王星是一颗被冰壳包裹的星球，根本不可能存在液态水。但有些科学家却有不同看法，他们认为冥王星上液态水的存在取决于两个因素：一是其内核中放射性钾元素的含量，二是其表面冰盖的坚硬程度。

冥王星的岩核占冥王星总体积的四成，如果岩核中的放射性钾元素含量达到$75/10^9$，那么钾元素的衰变产生的热量就足

以使表层冰盖融化。有专家认为，这种推断是可能存在的。他们指出，地球距太阳的距离更近，按理说岩核内的不稳定元素含量也应该更少，但实际上，地球内核的放射性钾元素含量为 $75/10^8$ 左右。

　　按照这种逻辑推断，其他被冰层包裹的地外星球也可能具备产生生命的条件。如果这一推断真的成立，冥王星上存在液态水无疑将是人类探索地外生命的重要突破。而对于刚刚被踢出"太阳系九大行星"行列的冥王星来说，这或许也能带来些许安慰。

彗星新发现

 天空中划过的彗星上有什么新发现呢？

没有液态水，地球上是不会存在生命的，那么地球上的海洋是何时以及如何出现的呢？这是科学界的一个未解谜团。现在通过赫歇尔空间望远镜HiFi仪器对彗星的观测结果显示，彗星表面有类似海洋的水资源，这暗示着地球上的海洋源自彗星碰撞地球带来的冰水物质。

如果是这样的话，这种彗星碰撞地球将对于地球生命进化具有重要意义。因为之前的彗星扫描结果使天文学家认为这种冰水星体不会给地球带来水资源，或者碰撞地球仅带来少量的水。

美国宇航局深度碰撞航天器曾近距离接近哈特利2号彗星，仅距离700千米。

　　但是哈特利2号彗星上的海洋，并不意味着这就是绿色、充满鱼类，是可以游泳的水域。哈特利2号彗星在寒冷的太空中冷冻成固体，这颗彗星包含着大量的冰水物质和冰冻的二氧化碳。这种物质类似于地球海洋的化学成份。

　　此前，赫歇尔空间望远镜HiFi仪器还扫描了其他6颗彗星，却没有发现它们表面存在类似地球海洋的水。天文学家认为两者之间的差异在于：哈特利2号彗星形成于太阳系柯伊伯带，而之前观测的6颗彗星位于遥远的奥特星云，与地球的距离是哈特利2号与地球之间距离的5000倍。

　　通过对其他彗星的扫描分析，使天文学家猜测彗星不可能完全是地球海洋的起源。

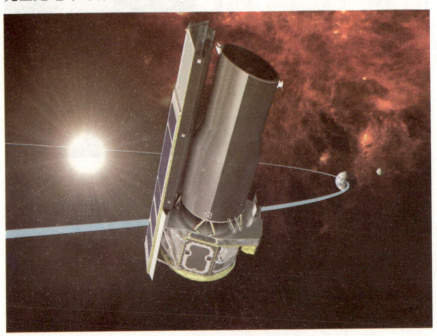

中国惊现UFO

 UFO光临地球的事件总是发生在国外，我们中国有没有出现过UFO呢？

 事实上，中国除了"沙漠怪圈"现象，UFO也经常光临我国的某些地区。

关于UFO事件，世界各地都有发生。2011年10月，中国科学院紫金山天文台研究员王思潮公布了8月20日和9月26日晚出现的三大UFO事件。因为这些飞行器用现在的科学知识  很难解释，所以判定为特殊的空间飞行器。

8月20日晚9时左右，有多架飞经上海的航班机组人员称曾目击到空中出现奇异的不明光团；同时，在北京城郊的观星活动中，多位资深天文爱好者拍摄到气泡状不明物体；差不多在同一时间，内蒙古、山西等地也观测到类似发光体。一些目击者称"发光体由小变大，呈规则几何圆体，比月亮大几百倍，

这种景象持续了20分钟，发光体逐渐变暗直至消失。"

而9月26日晚7时许，中国北部夜空有两颗不同颜色的"大星"一起自东向西飞行。7时26分左右其中一颗黄色"大星"突然悬停，而另一颗蓝色"大星"在减速后发生"爆炸"，喷出大量物质，拉出很长的光带，并逐渐变色变淡，直至消失。

7时31分左右，黄色"大星"不再悬停，开始较快向西飞行，32分左右，也逐渐消失。

中国科学院紫金山天文台研究员王思潮之后对这些观测报告进行了调查分析，证实了这些现象的真实性。

黑洞里的生命

 如果地球有一天真的灭亡，那么人类的最终居所将会是哪里？

黑洞在大多数人的心目中都可称得上是宇宙中最强大的"破坏分子"，它的内部环境恶劣到不适合任何生物居住。但事实上，随着人类探索科技文明的不断进步和发展，科学家发现并提出超大黑洞的内部也许存在适宜人类居住的条件，甚至超大黑洞中已有生物的存在。而且这些生物已经进化成为宇宙星系中最先进的文明，并且能够适应黑洞内部的巨大波动潮汐力。

超大黑洞具有着强大的万有引力，可以吸收其周围的一切物质，其中包括光。因此在黑洞的外层表面不会看到任何物质。黑洞不仅带有电荷，而

且还会不停地旋转，在它内部存有一块能使光子在稳定的周期
轨道中"幸存"的特殊区域。这片特殊区域就是适合人类生存
的区域，但这些特殊区域只有在跨越黑洞视界的边界时才会存
在，而在该边界处，时间和空间就会互相混合，时空不能稳定
存在。

如果如科学家们所猜想的那样，黑洞中真的有生命居住的
话，那么它们的文明程度会远远高于我们人类，假设人类文明
称为第一级状态的话，那它们的文明也许已经达到第三级状态
了。不过，由于黑洞的特殊性，所以人类根本无法与它们进行
进一步的接触，甚至都不可能看到它们。

第三章
Chapter Three
未来大猜想

未来带给我们太多的可能，也有太多的未知，将来我们的世界会是什么样子呢？我们的世界会变得更漂亮吗？我们会移居太空吗？地球真的会毁灭吗？让我们跟朵朵她们一起坐上时空机到未来的世界去看看吧！

空中飞行的出租车

 未来，我想要出租车快点在空中飞行！那时候再拥挤的街道也不怕。

自从飞机发明以来，人们就一直在想如何能让汽车也飞起来。英国的一家科技公司就正在研制一种新型的交通工具，命名为Jetpod。这个设想预计将会在五年后实现。想象一下，到那个时候，伦敦的街

头将到处能见到这种漫天飞行的出租车。

由于这种汽车要在繁华的闹市运营，Jetpod必须在125米的短距离内完成起飞与降落，并快速达到每小时563千米的飞行速度，而且不能像直升机那样发出噪音扰民。

跟飞机一样，会飞的汽车也需要起降场地。于是，科技公司将会在汽车试运行期间在整个伦敦设立50个起落点。这种Jetpod能携带7名旅客，按照现在的票价水平，每人坐一次需要支付18美元。

未来的房子

我想，未来的房子应该很舒适，很漂亮，功能很全，完全自动化！

　　未来的房子是什么样子的？很多人都有自己的想法，但是据科学家的设想，未来的房子应该分很多种，有海底的房屋，还有空中的房屋。海底房屋和空中房屋的外层都要装上保护壳，这样房子就不怕水灾、泥石流和地震了。

　　我们要在未来房子的门上装上一种特殊的防盗器，任何人到了门口，如果是主人认识的人它就会自动开门，如果是不认识的人它的警报器就会响起来。另外，房子里还有可以自动调节温度的功能，让它冬暖夏凉。

未来的汽车

很多人已经设想出未来世界的各种交通工具了，汽车的功能应该更全面，舒适度更高。

    未来的汽车使用的燃料是太阳能，它的速度不但快，而且在海中、陆地、空中都可以使用。结合未来世界的环境，未来的汽车还会有一种特殊的功能，比如，当它遇到陨石时，它会释放出一种自我保护的液体，把车包围起来，接着穿过陨石，而陨石和车都安然无恙。

    这种未来的汽车还有十分安全的保护措施，驾驶起来，撞车的机会几乎为零，就算不幸撞车了，也不怕。它会自动弹出救生囊，把车中的人员安全救出。

    你看，未来的汽车神奇吧！

未来的教室

朵朵，未来我们的教室也会发生变化，你觉得教室会发生什么样的变化？

那时一定没有课本了吧，全部都是自动化的！

科技在不断地发展进步，未来的世界一切都有可能，自然教室也会和现在有所不同。那个时候的条件会比现在好很多，教室里也许会有超大型的电视机，还会有机器黑板，还有很多高科技的教学工具。

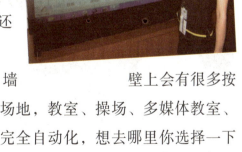

　　未来的教室会很奇妙，墙壁上会有很多按钮，每个按钮都代表着一个场地，教室、操场、多媒体教室、室内操场等，像房子一样，完全自动化，想去哪里你选择一下按钮就可以了。这样的教室有意思吧？

未来的机器人

未来世界里的机器人又会是什么样子的呢？朵朵，说说你的想法吧！

　　未来的机器人有很大的作用，可以代替人做很多很多事情。它可以打扫卫生、帮助警察抓坏人，还可当保姆帮忙照顾老人或小孩。像变形金刚一样，机器人还可以当交通工具，可以飞上天，也可潜到海里去。机器人还可以像人一样会说话，而且能够与人直接交流沟通。它会有超强的辨别能力，遇到好人会主动帮忙，遇到坏人就会自动报警。

　　看，未来的机器人不仅奇妙、有趣，还会帮助人，简直是无所不能。

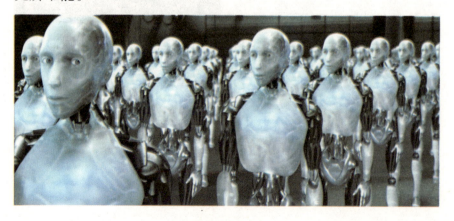

未来计算机

 科技在不断发展，计算机将来会变成什么样子？你们想象过吗？

在未来社会中，计算机、网络、通信技术将会三位一体化。新世纪的计算机会改变我们的工作、生活和学习方式，给人类和社会拓展了更大的生存和发展空间。

未来的计算机将在模式识别、语言处理、句式分析和语义分析的综合处理能力上获得重大突破。它是一台能识别自然语言的计算机，可以识别孤立单词、连续单词、连续语言和特定或非特定对象的自然语言（包括口语）。今后，人类将越来越多地同机器对话。他们将向个人计算机"口授"信件，同洗衣机"讨论"保护衣物的程序，或者用语言"制伏"不听话的录音机。键盘和鼠标的时代将渐渐结束。

Password

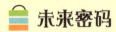 **未来密码**

随着科学家们对太空宇宙的探索，越来越多的证据偏向于未来我们将移居别的星球的可能性，但是晶晶的叔叔说我们人类星际移民还将会面临很多问题，因为我们的身体结构可能并不适应长时间待在太空中，如果待在金星表面，我们会被熔化，而待在火星表面我们可能会被冻僵。我们应该怎么样来解决这个问题呢？你想到了吗？晶晶和朵朵可是想到了哦，她们是怎么回答的呢？

答案：唯一解决的办法，就是我们人类要不断进化，慢慢适应星际的生活环境。

未来望远镜

 通过未来望远镜，我们有可能真的发现外星人的踪迹，甚至与它们进行面对面地交流。

欧洲南方天文台将在智利阿塔卡玛沙漠建造世界最大的天文望远镜。该望远镜镜片直径是一座足球场长度的一半，它对可见光和红外线的灵敏度将是现存望远镜的10倍。天文学家希望，这座望远镜能帮助人们破解有关宇宙演化的暗物质秘密，甚至能探测到外星人的行踪。

这座世界上最大的望远镜被称为目前最强大的"天空之眼"。放置望远镜的选址需要晴天数高、水气量少、空气稳定（天文学上称为视相度佳）；此外还必须考虑建造、运作与维修的成本，以及和其他主要望远镜和仪器进行联合观测的方便性。

广袤的阿塔卡玛沙漠是全世界最干燥、光害最稀少的地点之

一，因此是全球最佳的天文观测点之一。据了解，工程师们将炸掉阿塔卡玛沙漠中海拔3017米高的赛罗阿玛逊斯山的顶部，在这里安放望远镜。如果建设顺利，超大望远镜将在2020年前投入使用。

真希望这个望远镜能够快点实现，我还想用它来追踪外星人呢？

未来的交通工具

我们现在的交通工具日新月异，到了未来，它们的发展更了不得。未来的交通工具不仅有更漂亮的外形，还有更完善的功能呢。

未来的交通工具是什么样子的？未来我们会不会乘坐着像油炸圈那样的飞行器去上班呢？还是使用太空飞行器快速地完成太空旅行。总之，未来交通工具不仅会在技术上更先进，功能上更全面，就连外形也会更加完美。

艺术家们早就提出了一系列关于未来交通工具的新想法，这让人激动万分。

未来的ATV概念车不仅仅使用车轮，它还拥有一种类似于动物腿的结构帮助它在崎岖的地面上移动。乘客舱让驾驶者远离地面，因此驾驶者能够在高处看清前方的路障。

Sydpelin是一款外观亮丽的飞行器，其设计灵感来自于著名的齐柏林飞艇和美国著名的科幻设计大师塞德·米德的作品。不过，与当初的齐柏林飞艇不同的是，Sydpelin飞行器由等离子束提供动力，等离子束在内部驱动引擎转动。

　　NOMAD概念车的设计灵感也来自于塞德·米德的作品。设计师将NOMAD的风格定位为一种大容量的移动桥和停机坪。NOMAD概念车采用核动力，可以保持长时间的运转状态。它可以用来修路，也可以探测新的场所，还可以将车辆和供给品送到任何需要的地方。

　　在未来，你可以将你的汽车与他人的汽车连接起来，头车负责将大家从一地带到另一地，其他车主只需要安静坐在座位

上，完全放松，惬意地阅读当天的报纸，直到到达目的地。这种想法听起来有点疯狂，并且带有点未来派的色彩，但欧洲人确实正在研发和测试一个相似的系统。

　　未来的执法人员将不得不面对异常复杂的地形，要么是地球上，要么是外星球。因此，对于他们来说，最重要的是要拥有一款能够到任何地方的交通工具。Trakker全地形车可以满足这一要求，可以将你送到最偏远的地区。

哇，听起来，未来的交通工具真的很酷哦！

未来运载火箭

未来的运载火箭可以重复利用了？那我们人类要去太空旅行或居住不是更方便了吗？

美国私营企业太空探索技术公司计划开发世界上首款可重复使用的运载火箭，帮助人类在火星上定居。新型火箭将是该公司"猎鹰9号"火箭的可重复使用版，使用这种火箭发射航天器的成本将大大下降，从而使人类生活在其他行星的梦想更加接近现实。

很多人试图设计可重复使用的运载火箭，但都失败了，但美国私营企业太空探索技术公司解决了这一个问题。可重复使用火箭将像普通火箭那样升空，上下两节随后开始分离；不同之处在于：可重复使用火箭可以在原发射地点着陆。

该公司员工马斯克表示，可重复使用火箭短期内将用于发射卫星以及运送货物和宇航员前往国际空间站。

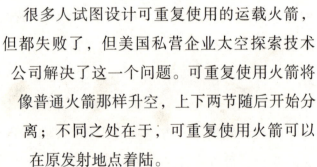

未来艾滋病的治疗

 未来艾滋病真的可以治愈吗？那就可以挽救很多人的生命了！

艾滋病是当今世界无法根治的绝症之一，但西班牙科学家声称研制出的MUA-B预防艾滋病的疫苗，将来可能会使治疗艾滋病变得和治疗普通疱疹一样简单。

西班牙的科学家在24名实验者身上注射了MUA-B疫苗，结果发现测试者中92%的都对HIV病毒产生了抗体，即使将来HIV病毒再度出现在人体内时，淋巴系统仍旧可以识别它。这一发现，为将来治愈艾滋病提供了希望。

科学家们下一步会在已感染HIV病毒的人身上进行试验，看这种疫苗是否有治疗作用。对于这一点，科学家们仍然保持着乐观的态度，认为MUA-B疫苗一定不会让人们失望。

乌托邦计划

叔叔，什么是乌托邦计划？

我们对于未来的想象不能只拘于传统。在这个科技不断发展的时代，任何设想都有可能发生。未来，我们的生活也许会移居海上。这座漂浮在海上的建筑物也许会是海上未来生活的发展方向。

这个名叫"乌托邦计划"的船，能在水上缓慢移动，它露出水面部分高65米，拥有11个住舱甲板、一个360°的观察区、4个直升机升降平台、专属的码头、几个游泳池，还有一片游艇那么大的空间，它不像一艘船，更像一座漂浮城市。这艘

船通过4个平台漂浮在水面上，每个平台上都有一个推进器，用来确保整座游艇岛的稳定，即使是遇到极端情况也不例外。

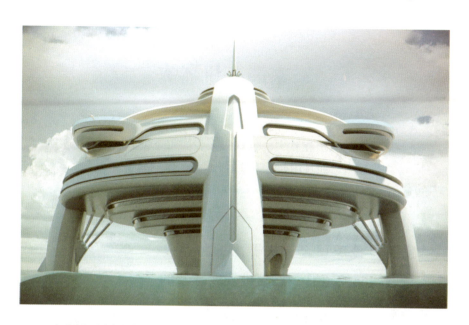

　　乌托邦计划为游客提供了13层楼高的瞭望甲板，通过它能够看到周围的景色。瞭望甲板下方是顶层甲板的宿区和服务空间，可以开设商店、酒吧和酒店，它由可以伸缩的天蓬覆盖。游艇设计主管詹姆士·罗伊认为，它挑战了传统海上建筑的偏见。

　　乌托邦计划并不是一个用来到处旅行的物体，它是一个可以居住和娱乐的地方，是为任何曾设想创造这样一个地方的人打造的一座小岛。

　　哇，这样的一座海上小岛绝对称得上是完美的设计，未来也许真的会用到它。

家家都有机器人

机器人的队伍在壮大，也许未来我们每个家庭里都会有机器人，而且用起来方便轻松。

比尔·盖茨预言，机器人即将重复个人电脑崛起的道路，点燃机器人普及的"导火索"，彻底改变时代的生活方式。

虽然现今的机器人行业面临种种困难，机器人制造公司没有统一的操作系统软件，流行的应用程序很难在五花八门的装置上运行。机器人硬件的标准化工作也未开始，在一台机器人上使用的编程代码，几乎不可能在另一台机器上发挥作用。如果想开发新的机器人，通常得从零开始。

但涉足机器人技术的大学研究人员、实业家、发烧友，乃至高中生都对未来机器人技术充满了信心和期许。现在，多种技术发展的趋势开始汇为一股推动机器人技术前进的洪流，我们完全能够想象，机器人在未来将成为我们日常生活的一部分。

机器人将成为由PC控制的外接设备，它们的样子也许会离我们的科幻故事越来越远。实际上，随着移动式外设的日益普及，我们可能越来越说不清到底什么才是机器人。这些机器人的功能高度专业化，深入千家万户，但外貌跟科幻作品中那些两足拟人机器大相径庭，说不定我们不会再把它们称为机器人。

不过，名字并不重要，重要的是，随着这些装置的价格逐渐降低，普通消费者也能够拥有这样智能的机器人。它们极有可能影响人类社会生活的方方面面——工作、交流、学习及娱乐等，影响之深远丝毫不逊于过去30年间个人电脑给我们带来的改变。

KEO卫星考古

你们有没有设想过5万年后的生活？我们有什么办法让5万年后的人们了解我们现在的生活呢？

5万年后的世界会是什么样子的？那个时候的人类将如何看待现在的我们？一项旨在由全人类集体创作的工程已经完成：地球上的每个人都被邀请书写一封信函，内容不超过四个标准页，可以抒发自己的生活体验、价值观念，表达个人的梦想、期望、恐惧、悲伤、经历、感悟……

2007年，所有征集到的信息都登上KEO卫星，并发射入太空。它在经历5万年漫长的太空之旅后，会重返地球，向明日世界传递当今人类的真实面貌。

卫星升空后，所有信息以匿名方式保存在地球上，交由语言及社会学家进行分析。之后我们将得到一份反映人类思想大观的万象图，同时将掀起一场人类现状与未来走向的全球性思考，全人类将共同面对这样两个问题："我们是谁？""我们将如何共建一个更为人性化的世界？"在人类文明遭遇前所未有挑战的今天，KEO卫星的发射或许能带给我们一些启迪，加强人与人之间的对话，实现一个真正博爱的世界。

未来太空梯

 未来我们将如何登陆太空，也许不需要乘坐飞船，只依靠一架太空梯就可以了。

 未来的太空梯是什么样子的？

　　如果人类真的有一天可以到太空上去游玩，那么搭建一架可以通向太空的太空梯是必不可少的。

　　未来的太空梯是用一条超强的纳米碳管合成绳从地球一直向太空伸展10万千米。太空梯将被安装在太平洋赤道上的一个海面平台上，在太空中的另一端，合成绳系在一个很小的平衡锤上。机械升降机，也就是机器人升降车，将沿着这条合成绳升降，将卫星以及太阳能系统等送入太空，最终可以把人送入太空。

500年后的"时光之旅"

我们现在可以到500年后去旅行吗?

目前,这还只是一个设想。

　　享受500年后的"时间旅行",这也许可能成为事实。美国一家名为"时间旅行基金"的公司早在2004年就已经开始筹备开展这一项业务。"时间旅行基金"公司认为,目前科学已经证明"时间旅行"在理论上的可能性,但是真正实现也许要等到数百年之后。

　　假如到了500年之后,时间旅行变为现实,你只需要交纳一定的"时间旅行费"就可以实现"时间旅行"。"时间旅行基金"公司可以派生活在那个年代的工作人员返回到500年前,把那些目前已经交纳"时间旅行费"的顾客带到500年后的未来。

未来地球将不会永存

地球是宇宙的一部分，随着宇宙的膨胀，有专家预言未来地球将不会存在。

啊，那我们人类该怎么办呢？

尽管地球不会像一些灾难预言家所说的那样在2012年12月21日毁灭，但有一点是肯定的：地球不会永远存在。日前在美国怀俄明州杰克逊湖市召开的极端恒星系统第二次会议上，研究人员认为，虽然地球自身的未来并不太光明，但我们这颗星球很有可能会转化成一个新的世界。

在生命的最终阶段，那些比太阳大得多的大质量恒星会像超新星一样爆发，并在此过程中将它们的行星抛向深空。但是当内部的核燃料耗尽时，像太阳这样的恒星会膨胀为红巨星。在这种情况下，从现在开始的50亿年中，太阳将吞没自己的内行星——水星和金星。

西班牙马德里自治大学理论物理学家Eva Villaver认为，目前还不清楚地球是否会在这一过程中幸存下来。她说："如果太阳在太空中丧失了大部分外层结构，那么地球最终将处于一个更宽阔、更安全的轨道上。但是这一结果可能会使太阳把地球向内拉，因此我们的行星很可能被太阳所吞噬。"

吞噬行星以及潮汐与地球的交互作用会导致太阳向太空喷发出更多物质，形成有助于地球在太阳的红巨星阶段幸存下来的行星状星云，但行星最终的命运仍然是未知的。我们的行星可能与火星发生碰撞，进而粉碎成为数万亿颗石质小行星。抑或来自肿胀的太阳的潮汐效应将把地球撕裂，最终使地球被太阳吞噬。

全球变暖

一直以来，随着人们的生活水平的不断提高，各类科技产品不断地被开发，但随之而来的一个恶果就是全球变暖。

政府间气候变化专门委员会（IPCC，由各国气象专家组成，研究全球气候趋势）预测，到本世纪末，全球气温将升高1.5℃~4.5℃。但德国美因兹马普化学研究所的迈因拉特·安德烈埃教授及其研究小组利用最新测算方法测出的数据是全球气温上升的最高幅度可达到6℃。

安德烈埃教授这种新的方法是将悬浮微粒、温室气体和生物圈效统一在一起，改变了以往关于气候变化的预测。安德烈埃教授将温室气体比作是导致全球变暖的加速器，悬浮微粒的存在则可以减缓气温的上升。悬浮微粒是空气中产生于燃烧、化学制品和烟尘之中的细小微粒。随着新的空气净化调节装置的使用，悬浮微粒的数量将会减少，因而其冷却功效也就随之变小。相反，全球气温就会随之上升。

悬浮微粒只能在大气中停留一周的时间，而温室气体则能停留50多年的时间。也就是说，悬浮微粒的冷却作用减少得快，而温室气体减少得慢。这样，在长期的竞赛中，温室气体最终必将战胜悬浮微粒，随之而来的就是灼热的高温天气。

然而，安德烈埃教授也同时承认，这种情况具有高度的科学不确定性，气候的变化也远远超出了人类的经验和科学理解所能达到的范畴。但如果他的计算是正确的，21世纪气候的变化就会超过政府气候变化专门委员会的预测。

要想减缓将来全球变暖的这种趋势，我们最好的办法就是从现在开始，从小处着手，关注环保，减少碳的排放量。

冷冻复活计划

你相信人死之后还可以再复活吗？中国狂人郑奎飞就大胆提出这个设想，并认为这是有可能实现的。

中国一个名叫郑奎飞的人提出"人体冷冻复活计划"。人体冷冻复活计划是继曼哈顿、阿波罗、人类基因组之后的世界第四大科学计划。

人体冷冻复活是一个系统工程，它涉及纳米技术、干细胞技术等，很多学科都要集合起来才能真正实现它。郑奎飞认为可以从三个方面解决这个问题，第一，纳米技术的进步可以使人体冷冻复活的希望大大增强，发明会思考的微型纳米机器人来修复人体冷冻时受到损伤的细胞；第二是基因工程，可以向冷冻者体内注入健康基因、长寿基因，使冷冻者的基因疾病得到有效的治疗；第三就是干细胞技术，如果有的人细胞受损死掉，可以通过细胞再造技术替换掉，恢复细胞

的活性。

　　郑奎飞还提出了该计划的具体进程：首先，人体冷冻复活计划培育的再造干细胞可以造出带有活性的细胞；然后在2015年，发明微型纳米机器人，可以进入人体，修复冻伤的细胞；最后还需要复活的技术，这是最关键的，根本点就在于细胞的复活。而人体复活液计划将在2023年发明成功，可以注射到人体内。

　　然而，知名专家认为，人体冷冻复活是非常遥远的，科学研究需要一步一步地发展，你可以去研究，但结果是不可预知的。现在看来这个计划也只是为科学发展而做出的一个设想。

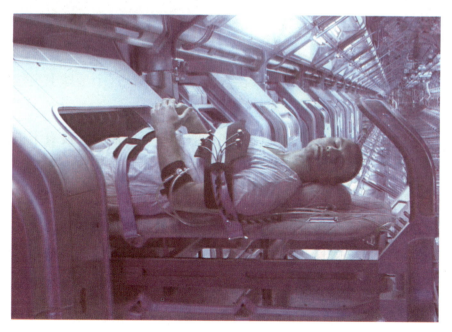

当人类从地球上消失

假如人类从地球上消失，地球将会变成什么样子?

设想一下，如果人类不再是一个个鲜活的生命，而成为历史回忆中的名词，世界将会怎样?

你是地球上最后一个人，没有同类伴你左右——或许很多人都曾幻想过这样的场景。如果这个幻想成现实，甚至包括你在内，所有人都从这个星球上突然消失，情况会怎样呢?

地球上大部分的基础设施将立即开始走向崩塌。没有了道路清洁工和养路工的维护，几个月内，那些气派的马路和高速公路就会龟裂变形。随后的几十年里，许多住宅和写字楼将会倒塌，但一些不起眼的小家什由于拥有极强的抗腐蚀能力，比如那些不锈钢厨具，如果恰好被埋在杂草丛生的厨房废墟中，可以保存数千年之久；而一些普通的塑料制品可能在数十万年内都毫发无损，直到微生物通过进化，能够分解这类物品为止。由于气候变化，极端天气越来越频繁，地球还要面对更加狂暴的飓风，它会不时地出现在北美大陆东海岸。

一座建筑倒塌会造成周围很多建筑倒塌，产生大片空地。而倒塌所掀起的风尘，会带来植物种子。这些种子就在空地和龟裂的人行道上生根发芽。它们在落叶层中本来就可以顺利生根，而来自混凝土粉末中的石灰，为它们营造了更适合生长的弱酸性环境。城市自此开始发展它自己的小生态系统。夏暑冬寒，不断交替。每年春天，在温差的影响下，街道上都会出现新的裂口。这些裂口在水冻融作用的影响下，变得越来越宽，种子完全可以在这里生长发芽，而这一切转瞬即可发生。

北美洲可能会在短期内成为巨型鹿的栖息地。大片的森林将重新横贯大陆。最终，那里将进化出更大的食草动物。相应的，更大的肉食动物也将出现。

小行星撞击地球

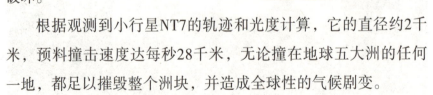

叔叔，2019年小行星真的会撞击地球吗？

我们来看看它的运行轨道吧。

小行星是太阳系内除了八大行星和彗星以外，绕太阳运行的小型天体。

天文学家曾在2002年发现一颗小行星NT7将会在2019年与地球相撞，带来灾难性的破坏。

根据观测到小行星NT7的轨迹和光度计算，它的直径约2千米，预料撞击速度达每秒28千米，无论撞在地球五大洲的任何一地，都足以摧毁整个洲块，并造成全球性的气候剧变。

但现在观测的结果仍存在不少变量，小行星到底是否会与地球相撞，还需要继续观察。

来自宇宙的声音

宇宙也有声音吗？那么我们一起来了解一下宇宙会传达给我们什么样的声音？

　　爱因斯坦曾在他的时空理论中预言了宇宙中存在引力波效应。但是引力波的信号是非常微弱的，需要灵敏度极高的仪器才有可能检测出。我们目前仍然在寻找它的踪迹，但是在未来我们能够探测到它。

　　引力波被认为是时空结构中的小涟漪，它产生于大质量天体运动或者碰撞合并等事件中。当大质量天体碰撞合并时，其内部可以产生较高级别的引力波。许多人将它比喻成我们宇宙的"声音"。正如在我们日常生活中，声音是不可分割的一部分，它是我们对外界事物感知的重要途径之一。但这种引力波是非常微弱的，而且天体运动碰撞事件在宇宙中也是非常罕见的，它的概率为：每个星系在数十万至数百万年内才可能发生一次。如果要在有生之年内检测到宇宙引力波信

号，就必须有足够灵敏的探测装置，以寻找数十亿光年处传播过来的引力波信号。

然而，对引力波探测不仅要看克服探测对象的特性，同时也要屏蔽地球上各种数不胜数的噪声源。天文学家认为可以寻找一个潜在的电磁信号来筛选背景噪声，这个电磁信号必须伴随着引力波的传播。比如当两中子星相互围绕并发生碰撞合并时，产生的强烈无线电耀斑会持续数个月之久，可由射电望远镜来探测。而未来搜索到这样一个无线电信号的事件肯定会发生的，并且该方法作为引力波探测的初步监测标准法。

但是，预计到2015年之时，先进的引力波探测器才可开始运作，射电天文学家的任务就是寻找这些独特的耀斑。

宇宙的秘密真是深不可测啊！

探索完宇宙的声音，我带你们一起去看宇宙的将来。

宇宙的寿命

 宇宙的寿命真的会在220亿年之后终结吗？它的依据是什么？

　　宇宙正在不断膨胀。然而，宇宙在加速膨胀后将何去何从？这种加速度会不断增大还是会出现减少？是否有某种能量在制约着这种膨胀效应？这些都是科学家正在思考的问题。如果宇宙无休止地加速膨胀下去，必然导致宇宙"大萧条"，整个宇宙将变成空荡荡的死寂。

　　但是，目前最新的研究进一步指出：这种加速膨胀的速度可能会趋于一个极端，这种极端的后果将使得宇宙出现"大撕裂"。

　　宇宙以大撕裂作为最终的归宿，始作俑者将是目前科学界依然对其无解的暗能量。暗能量具有一种极端的特性，随着时间的推移，其密度随着宇宙空间的膨胀而不断增大，导致宇宙膨胀的加速度也越来越大，这些暗能量也不断地"填充"宇宙空间，就像无中生有一样，而它如何出现、是通过何种机制来维持这个密度还是未解之谜。

从目前的研究观测进展来看，科学家估计暗能量已经占到全宇宙的73%，只要宇宙加速膨胀的进程继续下去，暗能量将逐渐成为宇宙的主宰，它将主导宇宙演化的走向，并制约着宇宙中的一切。

随着目前宇宙的加速膨胀、时空的扩大和延伸，暗能量的密度也在增加，这将可能导致幻能的增加，其将在有限的时间内使得宇宙无限地接近结束的边缘，并最终导致宇宙大撕裂的发生。而在这个过程中，随着宇宙的规模变成无限大，密度增加，所有的空间结构都不复存在，包括星系、系团乃至地球，都将变成一个个亚原子粒子。根据宇宙学家最新的计算结果，如果暗能量的压力与密度的比值达到–1.5，宇宙在这个情况下只能维持220亿年，而目前宇宙已经走过了137亿年。

未来人类理想居住地

假如，未来地球真的不存在，那么人类有可能居住在哪里？

著名科幻小说《沙丘》中所描述的沙漠行星比类似地球的水世界更有可能孕育生命，这种行星或许是星系内最有可能存在生命体的星球。同时，这本小说暗示着炽热的金星（平均表面温度达到460℃）在10亿年前可能是一颗沙漠行星，或许金星在远古时代曾孕育过神秘生命。

如果这种说法最终得到证实的话，由于沙漠陆地行星比浅绿色行星更接近于主恒星运行，且具有适宜居住条件，并且发现适宜居住的沙漠行星要早于适宜居住的浅绿色行星。前者更接近恒星运行，它拥有运行速度更快的轨道，途经恒星前方使恒星光线变暗的概率比较大，这更加便于我们通过望远镜进行探测。

　　未来有一天，地球将变成一个沙漠世界。伴随着太阳的衰老，地球每隔10亿年亮度就会增加9%，太阳辐射把水分解成氢和氧，并将最终耗尽地球上的液态水资源。然而，研究人员计算地球在太阳步入衰老期的数十亿年里仍可能保持适宜居住性，地球能够避免失控温室效应现象，在太阳死亡之前可能仅损失1/3的海洋。

　　目前令科学家关注的一个问题是——金星曾经是否是一颗适宜居住的沙漠陆地行星？金星是太阳系内最火热的行星，或许曾经的环境状况能够孕育生命。科学家认为在10亿年前金星的确具有持续性适宜居住的陆地环境，那时金星热带区域非常火热，但在极地区域温度较低且湿润，类似于地球的环境条件，并没有大量的二氧化碳。也许未来的研究将精确地证实金星曾经是否具有适宜居住性。

银河系中的类地行星

我们以后要移居类地行星吗？这真是太奇妙了。

目前，这是科学家对未来的一个大胆的猜想。

所谓类地行星，就是像地球一样，以硅酸盐石作为主要成分的行星。它们也是科学家们认为外星生物最有可能存在的生存环境。

2011年，美国宇航局通过开普勒太空望远镜有了重大发现。它在银河系发现了5颗类地行星，而且这5颗行星与其轨道

中心恒星的距离（类似地球与太阳的距离）都在液态水可能存在的距离范围内。我们都知道，液态水可是生命存在的必要条件之一。

美国宇航局的行星研究专家杰克·里绍尔表示，这一行星系是目前发现的太阳系外最小的行星系，这些行星的表面有岩石和气体，也可能存在水。

如果经过科学家们的确认之后，这个行星系确实存在水，那是不是就意味着这些行星中有外星生物存在的可能呢？即使没有外星生物的存在，我们人类或许也可以把它变成第二个地球，成为我们新的家园。

摧毁外星生命的大爆发

 真的是恒星的爆炸摧毁了外星文明吗？

宇宙那么巨大，而且具有极其悠久的历史，不少人都认为其中应当存在具有高度发达文明的智慧生物。可是为什么我们已经进行了数十年的搜索，但仍旧没有发现任何外星人存在的确切证据呢？

近年来，一些科学家们提出了一种新的设想，他们认为这和恒星的爆炸有关，正是这些爆炸摧毁了外星文明。尤其是一种被称作"白矮星极超新星爆发"的事件

甚至可能将外星生命全部吸入黑洞。

极超新星是极大质量的恒星生命的终结，由于其超强能量，所以影响范围巨大，甚至可以影响远在数千光年之外的天体。科学家们猜测，这种爆炸过程可能每数百万年会重复发生几次，这样就可能造成存在的生命体被彻底摧毁。

科学家们的这种猜想会是真的吗？如果这种猜想是真的，那么是否就可以解释类似金星上的城市废墟这样的现象了呢？

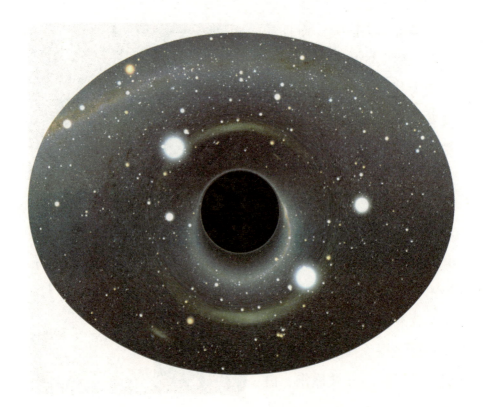

火星板块在运动

 火星有很多未解之谜，好期待科学家的研究成果啊。

地球分为六大板块，正是这六大板块的不断移动才形成了现在地球的风貌。那么，火星作为类地行星，是不是也存在板块运动呢？板块运动对于外星生物的研究有什么意义呢？

2011年的一项最新研究显示，火星上是同样存在板块运动的。在这项研究中，研究人员主要借助于两艘美国火星探测飞船拍摄的图像，即火星奥德赛和火星勘测轨道器。

　　研究人员认为火星奥林匹斯火山西北侧的一大片区域可能保存着板块活动的证据，因为他们从图像上发现这片区域存在大量的山脊、断崖和阶地构造，如果这些构造放到地球上，将是地质学家眼中经典的板块运动特征。另外一些照片中有弯弯曲曲的沟槽，这同样和构造运动有关系。

　　如果这一研究结果获得证实，它将大大增加火星上存在生命的可能性。因为板块运动将有助于碳循环的进行，而碳是构成生命必不可少的元素。

　　火星生命存在与否现在还没有定论，这将是科学家需要继续深究的问题，不过板块运动预示着火星生命之谜也许在不久之后将被解开，让我们期待着这一天的到来吧。

Password

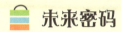
未来密码

　　旅行马上要结束了，晶晶的叔叔提出一个问题让晶晶和朵朵来答，科技越来越发达，机器人的使用也必定会发生改变，因此有人预言，大约再过20年、30年，拥有智能头脑的机器人就可以和人做朋友了。但也有人认为智能机器人的发展也许会给人类带来威胁。你是怎么认为的呢？选出你认为对的答案吧！

　　选项：

　　A. 能成为好朋友。因为机器人是由人类制造的，它的智力水平是受人类控制的。

　　B. 也许会给人类带来威胁。因为，随着人类科技水平的增高，机器人的功能也更趋向于高水平化，到时候它可代替或者超过人类的智能，将会十分危险。

图书在版编目(CIP)数据

未来密码/袁毅主编. —武汉:武汉大学出版社,2013.1(2023.6重印)
(图说科学密码丛书:彩图版)
ISBN 978-7-307-10460-0

Ⅰ.未… Ⅱ.袁… Ⅲ.科学知识－少儿读物 Ⅳ.Z228.1

中国版本图书馆 CIP 数据核字(2013)第 022690 号

责任编辑:吕　伟　　　　责任校对:杨春霞　　　　版式设计:王　珂

出版发行:**武汉大学出版社**　　(430072　武昌　珞珈山)
(电子邮箱:cbs22@ whu. edu. cn 网址:www. wdp. com. cn)
印刷:三河市燕春印务有限公司
开本:710×1000　1/16　　　印张:10　　　字数:60 千字
版次:2013 年 1 月第 1 版　　2023 年 6 月第 3 次印刷
ISBN 978-7-307-10460-0　　定价:48.00 元